Stefano Bocciolesi

Piccolo breviario di pastorale ecumenica

Stefano Bocciolesi

Piccolo breviario di pastorale ecumenica

Vademecum per parroci impegnati

Edizioni Sant'Antonio

Imprint

Cover image: www.ingimage.com

Publisher:
Edizioni Accademiche Italiane
is a trademark of
International Book Market Service Ltd., member of OmniScriptum Publishing Group
17 Meldrum Street, Beau Bassin 71504, Mauritius

Printed at: see last page
ISBN: 978-613-8-39191-3

Indice

Cari Parroci ...

Cari parroci e sacerdoti ho scritto questo brevissimo testo pensando a voi, al vostro ministero e alla vostra vocazione ....

Da qualche anno sono responsabile dell'ufficio ecumenico della Diocesi di Gubbio e più vado avanti, più mi aggiorno, studio e prego per l'unità dei cristiani e più mi rendo conto di quanto manchi in diocesi una vera formazione ecumenica destinata ai nostri fedeli cattolici e ....

Anche a noi del Clero !!!

.... Si, è vero ....

A volte consideriamo, in parrocchia, l'ecumenismo l'ultimo dei nostri problemi,

a volte lo percepiamo come un optional o una cosa non necessaria,

a volte, infine, lo consideriamo un argomento di nicchia per pochi esperti.

Ma siamo sicuri che sia proprio così?

Non siamo ministri della Chiesa?

E la Chiesa non la consideriamo nostra Madre?

E se la Chiesa è nostra madre, perché ci ha generato alla fede nel battesimo e ci ha resi degni chiamandoci al servizio ministeriale, come non provare dolore nel vedere nostra madre divisa e lacerata?

Un figlio e ancor di più un sacerdote può dormire tranquillo sapendo che sua madre-Chiesa non sta bene?

Come possiamo proclamare tutte le domeniche nel credo, *Credo la Chiesa una,* quando sappiamo benissimo che, in realtà, è divisa?

Si lo so … è vero che l'unità è un Dono di Dio e non viene mai meno nonostante gli egoismi e le lacerazioni umane e per fortuna !!

Ma è altrettanto vero che come credenti in Cristo e, ancor più, come sacerdoti siamo chiamati a fare la nostra parte.

Ma come facciamo?

Noi parroci siamo già abbastanza oberati di lavoro e non ci riusciamo proprio a fare altro …

Vedete io credo che non siamo chiamati a fare "altro" ma a vivere la pastorale parrocchiale ordinaria, che ogni giorno portiamo avanti con impegno e dedizione, in chiave ecumenica !

Ovvero serve, secondo me, una conversione pastorale all'ecumenismo.

Significa in concreto che ogni attività che svolgiamo, dalla catechesi ai bambini alla pastorale familiare, va ripensata ecumenicamente.

E ciò esige un reale cambio di mentalità !

Un mettersi in gioco nella consapevolezza che è finito il tempo di un Cattolicesimo visto come una cittadella medioevale fortificata, senza rapporti con l'esterno.

Don Giuliano Savina, neoresponsabile CEI per l'ecumenismo e il dialogo interreligioso, si pone delle domande che, credo, ogni sacerdote si dovrebbe porre:

L'ecumenismo e il dialogo interreligioso come interagiscono nell'azione pastorale diocesana e non solo?

È possibile oggi una pastorale confessionale ecumenica ed interreligiosa che mette le Comunità cristiane nella condizione non solo di vivere in un tessuto sociale multietnico e multireligioso, ma essere protagoniste del futuro che avviene nella storia?

In rapporto alla fede, una pastorale ecumenica ed interreligiosa aiuta il credente cristiano di oggi ad un discernimento vocazionale, perché, qui ed ora, possa rendere ragione della fede che è in lui, dialogando anche con chi non conosce la tradizione cristiana o addirittura le è indifferente ed insignificante?

Domande di non facile risposta, che chiedono la fatica della ricerca e la pazienza dell'attesa, nella consapevolezza che a volte è più importante imparare ad abitare le domande che dare, troppo frettolosamente, pseudo risposte superficiali e non più rispondenti alla realtà. Specie se sono risposte provenienti da un retaggio di un passato oramai lontano, risposte spesso pregiudiziali e stereotipate, non inclini ad accogliere il diverso da sé e modellate sulla cultura del "nemico".

Lasciatemi sognare ad occhi aperti:

Sogno una parrocchia ecumenica, direi anche aperta al dialogo con le grandi tradizioni culturali e religiose,

in cui ci si senta accolti sempre e comunque,

in cui la cultura del nemico si trasformi, attraverso un lento e paziente lavoro educativo, nella cultura dell'incontro,

in cui la diversità non diventi mai divisione,

in cui vige la legge della comunione,

in cui l'unica arma per risolvere i conflitti è il dialogo,

in cui al centro non ci siamo noi ma Cristo.

Certamente per fare questo, e per non cadere sotto il peso degli impegni, occorre non essere soli !

Ecco l'importanza della sinodalità e della comunione vissuta in *primis* tra noi.

È finito il tempo del prete, stile santo curato d'Ars, cavaliere solitario, senza macchia e senza paura.

Ora c'è bisogno di fare "squadra",

e non solo per necessità (siamo rimasti in pochi),

o per complessità (le sfide che oggi ci interpellano sono talmente tante e complesse che da soli è praticamente impossibile affrontarle).

La prima ragione per cui è fondamentale vivere e lavorare in comunione è l'evangelizzazione.

Infatti il mondo ci riconoscerà da come ci amiamo.

Ogni catechesi, anche ben preparata, se non è accompagnata dalla testimonianza della carità fraterna e dell'unità risulta inefficace e, a volte, anche dannosa perché è una contro testimonianza.

C'è bisogno di un ecumenismo "interno" tra noi !

Quello che vale per noi, vale a maggior ragione tra le varie Chiese e comunità divise.

non esiste piena capacità evangelizzatrice senza unità!

Il cristianesimo risulta non essere credibile a motivo dello scandalo della divisione dei cristiani.

L'ecumenismo è, al tempo stesso, uno Dono e un impegno.

Un dono della Grazia di Dio.

Un impegno umano di formazione, preghiera, servizio e testimonianza comune.

Come fare la nostra parte?

Prima di tutto con la formazione, la conoscenza è la prima cosa da fare,

insieme alla preghiera !

Ecco allora che mi è venuta in mente l'idea di un prontuario che potesse spiegare brevemente e con chiarezza a voi sacerdoti cos'è l'ecumenismo cattolico e su quali principi si basa.

L'idea è quello di avere, per quanto possibile, un po' più di "luce" sul modo di fare ecumenismo in casa cattolica per evitare fraintendimenti e confusioni, anche dottrinali, che non aiutano di certo il cammino ecumenico.

Ho diviso questo breve testo in due parti:

la prima parte è un semplice A, B, C dell'ecumenismo cattolico, senza nessuna pretesa di esaustività ma capace, secondo me, di offrire gli elementi basici, portanti, su cui iniziare a edificare una formazione ecumenica più approfondita;

la seconda parte, invece, è un breviario, anche questo non completo e in via di aggiornamento, di pastorale ecumenica rivolta in particolar modo a voi sacerdoti e parroci.

Vi sono inserite anche delle indicazioni teologiche, canonistiche e pratiche inerenti soprattutto la prassi sacramentale che, credo, vi possano risultare utili nella vostra attività pastorale.

Infatti non bisogna inventarsi cose strane per fare ecumenismo ma, come vi ho scritto sopra, basta fare bene le cose che siamo chiamati a fare e nelle attività pastorali non mancano di certo le occasioni ecumeniche da "sfruttare" ... Matrimoni misti, battesimi, ragazzi e famiglie di altre confessioni cristiane etc.

Buon Lavoro .... Anche ecumenico !!!

Don Stefano

Responsabile della pastorale ecumenica

Diocesi di Gubbio

Introduzione

Alcune Premesse:

“distinguere per non confondere”

dialogo ecumenico ? Cioè ?

È il dialogo fra cristiani, per cui si fonda in CRISTO, e trae la sua missione dalla sua volontà che “tutti siano una cosa sola” (Gv 17,21).

L’ecumenismo cattolico ha come obiettivo quello di arrivare alla piena unità visibile della Chiesa che significa, in concreto, poter esprimere insieme ai fratelli delle altre confessioni cristiane la stessa fede, celebrare i divini misteri e i ministeri ecclesiali, testimoniare insieme il Vangelo.

Lo scopo del dialogo ecumenico non è primariamente un avvicinamento tra persone di confessioni cristiane diverse ma è prima di tutto un camminare insieme verso CRISTO … immaginate un cerchio con tanti raggi e un perno centrale che è Cristo … lo scopo è avvicinarsi al perno centrale ma … attenzione perché, proprio come i raggi di una bicicletta, più ci avviciniamo al centro e più ci avviciniamo fra noi. Cioè più volgiamo lo sguardo, tutti insieme, verso Gesù e camminiamo incontro a lui e più, di conseguenza ci veniamo incontro e siamo vicini gli uni gli altri.

“Il volemoce bene e andamo avanti” non è ammesso nell’ecumenismo, né tantomeno è ammesso operare un ecumenismo prettamente pratico, delle opere sociali, senza Cristo. Affermava a proposito il grande ecumenista umbro Don Elio Bromuri:

> *La dimensione ecumenica non è da intendere come un appiattimento e una riduzione delle esperienze cristiane al minimo comune denominatore, nel tentativo di facilitare l’accordo tra le Chiese, né come un gioco di sfumature o di sotterfugi, per evitare ogni serio confronto sui punti più scottanti. Dobbiamo riscoprire la centralità di Cristo come*

fondamento della nostra fede e considerare la molteplicità di esperienze spirituali, di atteggiamenti dottrinali, di scelte, non già come un male, ma anzi come manifestazione della ricchezza dei doni dello Spirito e come strumento da lui scelto per la crescita del Popolo di Dio.

Diceva ancora Don Elio:

L'ecumenismo forse non è un più, certo non è un meno, comunque non è da porre sul piano della quantità ma della qualità: è un modo di credere, un modo di essere, un modo di porsi di fronte al Padre, al Figlio, allo Spirito, alla Parola rivelata, agli altri uomini credenti e non credenti.

Il cristiano aperto alla dimensione ecumenica si può descrivere, in negativo, come colui che rifiuta la lotta "religiosa", colui che non si considera "padrone" della verità e della grazia, ma servitore, colui che non vuole essere il dominatore ma il servitore, colui che non si disperde nel molteplice ma coglie il "necessario", l'essenziale, il nucleo centrale.

In positivo, il cristiano aperto alla dimensione ecumenica è colui che guarda l'orizzonte vasto, l'ecumene che è lo spazio universale e il tempo totale della storia della salvezza; colui che sente l'ansia dell'unità e vive il dolore della separazione; colui che avverte lo scandalo della divisione e il pericolo per la missione; colui che valorizza i piccoli e i deboli e non si allea con i potenti; colui che è appagato più da ciò che unisce e converge che da ciò che divide a allontana, che diverge.

Ma che cosa s'intende propriamente quando si parla di dialogo?

Il vero dialogo non è un semplice metodo o uno strumento di lavoro ma è essenzialmente …

… un **modo di essere e di vivere**.

Il dialogo nell'ecumenismo è un **passaggio obbligato**.

Il dialogo **ha la sua origine nella Trinità**:

- Nasce dal dialogo intratrinitario di Dio Padre che, poi, condivide con l'umanità.

- La misura e il fondamento del dialogo ecumenico è Cristo.

- È una via che lo Spirito Santo ci indica.

Diceva, a riguardo, Don Elio Bromuri con "sapiente" realismo:

> *L'atteggiamento giusto del dialogo ecumenico dovrebbe consistere nell'umile confrontarsi di tutti con Cristo, superando ogni tensione anche vagamente polemica, ma sappiamo anche che ciò fa parte dei più alti gradi di maturazione cristiana e di esperienza ecumenica. Tuttavia una pur imperfetta fase di dialogo ecumenico non è negativa ai fini di una crescita nella fede.*

Il dialogo è, come ha affermato Benedetto XVI, una creazione del *Lògos*, **sintesi mirabile di Verità e Carità**:

> *Perché piena di verità, la carità può essere dall'uomo compresa nella sua ricchezza di valori, condivisa e comunicata. La verità, infatti, è Lògos che crea dià-logos e quindi comunicazione e comunione. La verità, facendo uscire gli uomini dalle opinioni e dalle sensazioni soggettive, consente loro di portarsi al di là delle determinazioni culturali e storiche e di incontrarsi nella valutazione del valore e della sostanza delle cose. La verità apre e unisce le intelligenze nel Lògos dell'amore: è, questo, l'annuncio e la testimonianza cristiana della carità.*

Il dialogo è, come afferma Papa Francesco, **uno scambio di doni**.

Quali sono gli elementi costitutivi di un buon dialogo ecumenico?:

1. Aver chiara la propria identità ed essere saldi in essa;

2. Conoscere bene l'altro e la sua confessione cristiana;

3. Saper vedere le cose che ci uniscono;

4. Saper accogliere, senza paura e senza far finta di niente, le diversità che ci sono-queste vanno accolte come una ricchezza anche per noi;

5. Saper vedere, senza minimalismi e senza voler frettolosamente risolvere i problemi, le differenze, a volte vere e proprie contraddizioni, che ci sono tra una confessione e l'altra.

6. Camminare insieme verso la Verità che è Cristo.

Esistono diverse tipologie di dialogo tutte ugualmente importanti e necessarie:

- **Il dialogo della vita**: il dialogo fatto di partecipazione e condivisione della propria esperienza religiosa. È la condivisione del ruolo fondamentale della fede nella vita e può comprendere, privilegiando la via esperienziale, affettiva e intuitiva, la vita liturgica e pastorale delle varie tradizioni religiose. È il dialogo quotidiano, della porta accanto, chiamato anche **dialogo dell'amicizia**. Questo è sempre fondamentale ma soprattutto all'inizio del percorso di conoscenza dell'altro.

- **Dialogo teologico**: è il dialogo speculativo a livello teoretico su questioni dottrinali. È il dialogo elaborato da "esperti" che ha come obiettivo quello di chiarificare le posizioni teologiche di ciascuna confessione, al fine di comprendere ciò che ci accomuna e le rispettive differenze e di impostare una trattazione nuova e condivisa delle questioni che storicamente hanno costituito motivi di divisione e che tutt'ora sono di ostacolo alla piena unità visibile della Chiesa. È **il dialogo della Verità** che, anche se è portato avanti a livello ufficiale dai teologi, riguarda tutti perché tutti possiamo e dobbiamo imparare a conoscere le altre confessioni. È il dialogo che, subito dopo quello dell'amicizia, è importante coltivare perché l'amicizia va approfondita altrimenti resta un mero affetto superficiale.

- **Dialogo delle opere**: è il dialogo che si impegna nel costruire, attraverso azioni comuni e condivise da esponenti di tutte le confessioni cristiane, dei percorsi concreti inerenti le grandi problematiche etiche e sociali che attanagliano l'umanità. Il dialogo delle opere si impegna a lavorare per sostenere ed aiutare i poveri, gli emarginati, gli immigrati; a lottare per la promozione della giustizia sociale e della cultura della legalità; ad impegnarsi a favore della pace del mondo; a salvaguardare e custodire il creato etc. Questo è il **dialogo della Carità**, importantissimo e fondamentale se pensiamo che il cristianesimo è principalmente una vita vissuta nella carità. Questo dialogo va, tuttavia, saputo coniugare con il dialogo della verità. Il dialogo della verità e quello della carità vanno sempre insieme e non possono venir separati: senza verità non esiste carità e viceversa.

- **Dialogo delle esperienze religiose**: è il dialogo in cui le varie confessioni cristiane condividono reciprocamente le proprie ricchezze mistiche e spirituali. In questo dialogo, chiamato anche **mistico**, ogni persona comunica all'altra la propria esperienza di Dio, al di là delle diversità confessionali. Fondamentali in questo dialogo sono i momenti di preghiera interconfessionali in cui ci si rivolge tutti a Dio per l'unità dei cristiani. Questo dialogo è molto importante perché "tocca" l'anima e il cuore delle persone: la loro spiritualità. E la spiritualità, richiamandoci e riportandoci al disegno originario di Dio Trinità, è fonte di unità e luogo in cui possiamo, già ora, fare esperienza di comunione tra le nostre rispettive comunità cristiane.

Che cos'è il dialogo interconfessionale?

È il dialogo che avviene tra diverse confessioni, le quali confrontano il proprio credo alla luce del proprio percorso storico-teologico e alla luce del messaggio evangelico e del modo in cui esso è stato ricevuto, interpretato e tramandato.

Può essere:

- **Bilaterale**: quando vi partecipano due confessioni;
- **Multilaterale**: quando vi partecipano tre o più confessioni.

Questa è la forma di dialogo che tesse la trama del movimento ecumenico, perché registra l'accordo realmente raggiunto dalle Chiese e ufficialmente riconosciuto dalle autorità specifiche. Per questo è anche la tipologia di dialogo più conosciuta e citata.

E il dialogo interreligioso?

È il dialogo tra persone e popoli di diversa fede, seguaci di varie religioni, spesso molto diverse tra loro. Al cuore di esso vi è la dimensione religiosa iscritta in qualunque persona e la condivisione dei diversi modi in cui il Sacro si è manifestato nelle culture e nelle epoche.

La finalità del dialogo interreligioso è la reciproca conoscenza, la comprensione dell'esperienza religiosa in forme diverse dalla propria e la cooperazione per la difesa e la promozione dei diritti umani, l'impegno per la pace, la giustizia, la salvaguardia del creato e la dignità della persona.

E i nuovi movimenti religiosi?

Si chiamano «nuovi» movimenti religiosi quei movimenti apparsi nella forma attuale dopo la seconda guerra mondiale e che si presentano come alternativi alle religioni istituzionali ufficiali e alla cultura prevalente. Questi gruppi pretendono di offrire una visione del mondo religiosa o sacra, oppure dei mezzi per raggiungere altri obiettivi come la conoscenza trascendentale, l'illuminazione spirituale o l'autorealizzazione, o perché offrono ai loro membri delle risposte a questioni fondamentali, quali il significato della vita o il posto di ciascuno nell'universo.

Questi gruppi sono tantissimi e vanno dai vari movimenti New Age e Next Age, Scientology, fino a gruppi magici, teosofici, satanici e legati ad un paganesimo di ritorno.

In genere con i nuovi movimenti religiosi non si fa dialogo ecumenico in quanto loro:

- Non sono cristiani … anche se alcuni possono sembrare tali come i testimoni di Geova … in realtà, anche loro, non riconoscono delle verità fondamentali del cristianesimo quali, per esempio, la Trinità;
- Non danno importanza al Dialogo ... per loro ciò che conta è far proselitismo e avere degli adepti per i loro gruppi;
- Sono contrassegnati da un astio verso le religioni ufficiali e in particolare odiano la Chiesa cattolica.

PARTE PRIMA

A, B, C dell'Ecumenismo Cattolico

Capitolo 1

Chiese e Comunità cristiane

A questo punto, però, è opportuno chiedersi:

Quali Chiese e Comunità cristiane ci sono?

Diciamo che le Chiese e le comunità cristiane si possono suddividere in 4 grandi raggruppamenti:

- **Chiesa Cattolica** (di rito latino, ambrosiano, italo-albanese e altri) e altre *23 Chiese Cattoliche orientali Sui iuris* caratterizzate da tradizioni liturgiche, canoniche, teologiche e spirituali proprie: Chiese di rito bizantino, Chiese di rito alessandrino, Chiese di rito antiocheno, Chiese di rito siriaco orientale e una Chiesa di rito armeno.

- **Chiese orientali ortodosse nazionali**. La Chiesa ortodossa è una e molteplice. È una perché è una comunione di Chiese che si riconoscono reciprocamente sulla base comune dei 3 elementi essenziali dell'unità: fede, successione apostolica e sacramenti. Ma è molteplice perché è costituita da un insieme di Chiese autocefale e autonome, in genere nazionali. Vi sono *15 Chiese autocefale*: Costantinopoli, Alessandria, Gerusalemme, Antiochia, Russia, Serbia, Romania, Bulgaria, Georgia, Cipro, Grecia, Polonia, Albania, Repubblica Ceca e Slovacchia, America. *4 Chiese autonome*: Sinai, Finlandia, Giappone, Cina, Estonia. *5 Chiese canoniche dipendenti da Costantinopoli:* Diocesi ortodossa americana carpato-russa, Chiesa ortodossa ucraina degli USA e della diaspora, Esarcato russo ortodosso in Europa Occidentale, Diocesi ortodossa Albanese d'America, Diocesi ortodossa ucraina del Canada. *7 Chiese in* *situazione canonica irregolare,* scismatiche rispetto alle altre Chiese: Vecchi credenti, Patriarcato ucraino ortodosso di Kiev, Chiesa autocefala ortodossa ucraina, Chiesa autocefala ortodossa bielorussa, Chiesa ortodossa macedone, Chiesa ortodossa montenegrina, Chiese vecchio-calendariste.

- **7 Chiese orientali ortodosse autonome che sono in comunione tra loro** dette anche Chiese precalcedonesi perché non hanno accettato le definizioni cristologiche del Concilio di Calcedonia: Chiesa siriaca, Chiesa armena apostolica, Chiesa copta ortodossa, Chiesa ortodossa tewahedo etiopica, Chiesa ortodossa tewahedo eritrea, Chiesa ortodossa malankarese, Chiesa siro-malabarese indipendente.

- Ed infine c'è tutto l'universo delle **comunità protestanti ed evangeliche**: è un gruppo molto eterogeneo e comprende comunità di tendenze a volte molto diverse, conservative o progressiste, federate o libere, sacramentali o non sacramentali, episcopali o presbiteriane o congregazionaliste, istituzionali o spirituali, sinodali o personaliste, escatologiche o millenariste … Ricordiamo le prime comunità storiche: Luterani, Valdesi, Calvinisti, Anabattisti, Anglicani, oppure le comunità dette del "risveglio" quali i Metodisti, Battisti, gli Avventisti del settimo giorno o i più recenti pentecostali.

Capitolo 2

Cosa ci unisce

Cosa unisce i cristiani appartenenti a confessioni diverse? Semplice: **Il Credo** Ci accomuna la stessa professione di fede. Il Credo niceno-costantinopolitano !

> *Insieme proclamiamo Dio Padre creatore di tutto l'universo, crediamo la discesa del Figlio di Dio nella carne umana assunta da Maria vergine. Insieme accogliamo con gratitudine i misteri salvifici compiuti dal nostro Signore, Gesù Cristo: nascita, vita, passione, morte, risurrezione ascensione e pentecoste. Insieme adoriamo lo Spirito Santo e la sua azione santificante in noi e nel mondo (eccetto la controversia tra oriente e occidente legata al filioque) Insieme crediamo alla Chiesa, una, santa, cattolica, apostolica e crediamo che è la comunione dei santi e delle azioni sacre e santificanti che sono i sacramenti. Insieme attendiamo il ritorno di Cristo. E speriamo che ci introduca alla vita eterna.*

È proprio vero quanto ha affermato Giovanni XXIII:

Ciò che ci unisce è più di quello che ci divide !

A proposito del *filioque:* gli orientali e gli ortodossi riprendono il testo originale del credo nicenocostantinopolitano affermando che lo Spirito Santo procede solo dal Padre. Essendo il Padre fonte della Trinità, il Figlio proviene dal Padre per generazione e lo Spirito proviene dal Padre per processione a modo di spirazione. Per questa tesi si appoggiano soprattutto sulla seguente frase evangelica: "Il Paraclito che io vi manderò dal Padre, lo spirito di verità che procede dal Padre". (Gv 15, 26).

I cattolici e anche la maggior parte dei protestanti, invece, affermano che lo Spirito Santo procede dal Padre e dal Figlio. Riconoscono che questa formula, in latino *filioque*, è stata aggiunta nel testo del credo e nella sua recita liturgica e catechistica solo nel 1014, dopo un lungo dibattito avvenuto nella stessa Chiesa Cattolica, ma ne affermano la legittimità teologica sulla base di vari testi biblici, letti nella tradizione e sulla scia di vari Padri della Chiesa occidentale.

Fino ad oggi la controversia non è risolta, anche se la reciproca comprensione tra teologi cattolici e alcuni teologi ortodossi è sempre più vicina. Come soluzione pastorale e pratica alcune Chiese occidentali come gli anglicani hanno optato per l'omissione del *filioque* nella recita liturgica del credo.

Nota bene: Quando nel Credo si parla di Chiesa cattolica non si fa riferimento alla confessione Cattolica-Romana (solo in seguito si userà il termine Cattolico in senso confessionale, come distinzione rispetto agli orientali-Ortodossi). Il termine Cattolico, in realtà, è nato col formarsi della stessa professione di fede, prima delle divisioni, quando ancora eravamo uniti. Il termine Cattolico nella sua accezione originale, infatti, significa **universale,** nel senso di una Chiesa che abbraccia, nello spazio e nel tempo, tutti i luoghi, tutti i tempi e tutte le genti. Da questo punto di vista si può dire che la Chiesa è per costituzione Cattolica.

La Chiesa nella sua essenza più profonda, nel suo DNA è Cattolica !

E cosa significano i nomi delle altre 2 principali confessioni cristiane?

Ortodossi fa riferimento alla dottrina ... termine adoperato dopo lo scisma del 1054 dagli orientali, in opposizione a Roma, per definirsi come coloro che seguono la vera dottrina, quella per l'appunto ortodossa, al contrario degli eterodossi, eretici, Romani.

Protestanti viene da *pro-testari* che significa dichiararsi a favore di qualcosa o qualcuno. Si potrebbe anche dire confessori, cioè annunciatori e testimoni della fede.

Non protestanti perché protestano come qualcuno potrebbe superficialmente pensare !

Capitolo 3

Perché ci siamo divisi

L'insensatezza e il peccato degli uomini lungo la storia hanno opposto resistenza alla volontà unificante dello Spirito santo e indebolito la forza dell'amore. Fin dagli inizi della Chiesa avvennero scissioni.

- Le prime divisioni nella storia della cristianità si verificarono in Oriente nel **IV e V secolo** perché alcune comunità non avendo accettato le decisioni dottrinali del Concilio di Efeso e del **Concilio di Calcedonia del 451** si separarono dalla Chiesa dell'impero. Il motivo principale alla base di questa divisione è soprattutto la disputa intorno alla corretta formulazione della confessione cristologica. Mentre il Concilio di Calcedonia optò per la definizione secondo la quale Gesù Cristo, essendo vero uomo e vero Dio, è una persona in due nature, le Chiese precalcedonesi rimasero fedeli alla convinzione di fede che afferma che l'unica natura divina si è fatta carne in Gesù di Nazareth.

  Il risultato importante a cui si è giunti nei dialoghi ecumenici è la costatazione che questa disputa riguarda essenzialmente un problema linguistico poichè entrambi le parti nel voler testimoniare la stessa fede in Cristo lo hanno fatto con espressioni teologiche diverse. Questo ha portato nel 1984 alla firma di una dichiarazione comune tra il patriarca siro-ortodosso ed il Santo papa Giovanni Paolo II, i quali hanno reso atto in maniera congiunta di questo consenso cristologico-fondamentale, basando su di esso un accordo pastorale sull'amministrazione dei sacramenti ai fedeli dell'altra Chiesa in situazioni specifiche. Con questa dichiarazione non si è ancora giunti alla comunione eucaristica ma i passi in avanti ecumenici ci sono stati perché entrambe le Chiese hanno conservato la struttura di base sacramentale-eucaristica ed episcopale, nel senso che in ambedue le comunità ecclesiali l'unità nell'eucarestia ed il ministero episcopale sono considerati come costitutivi dell'essere Chiesa.

- **Il grande scisma della Chiesa tra Oriente e Occidente** è perlopiù associato all'anno **1054**, quando furono lanciate le rispettive scomuniche. Si tratta di una data più simbolica che storica. Di fatti, nel mondo cristiano occidentale e orientale, il Vangelo venne recepito fin dall'inizio in modo diverso e fu vissuto e ritrasmesso in forme culturali e contesti politici differenti. Le comunità cristiane orientali ed occidentali convissero con queste differenze nel primo millennio all'interno della Chiesa indivisa, ma si allontanarono progressivamente le une dalle altre, comprendendosi ormai a fatica, tanto che è in questa reciproca alienazione che va individuato il motivo vero e proprio dello scisma successivo. In questo processo di graduale allontanamento erano in gioco anche questioni teologiche ma i cristiani d'occidente e d'oriente non si sono divisi principalmente per motivi dottrinali ma si sono estraniati gli uni gli altri soprattutto per il loro diverso modo di vivere.

Fra la Chiesa cattolica e le Chiese ortodosse vi è un intenso dialogo ecumenico basato sul consolidamento del fondamento di fede comune alle due Chiese. E questo soprattutto a partire dal **1965** quando, a Costantinopoli e nella Basilica di S. Pietro a Roma, fu letta la dichiarazione comune con la quale venivano cancellate le rispettive scomuniche.

Le Chiese ortodosse e la Chiesa cattolica sono quelle più vicine perché entrambe le comunità hanno mantenuto una comunione di fondo nella fede, nei sacramenti e nella struttura episcopale della Chiesa.

Attualmente la Commissione Mista Internazionale per il dialogo teologico tra la Chiesa cattolica e le Chiese ortodosse sta lavorando sui concetti di "conciliarità", "sinodalità" e "autorità". Al centro, cioè, dei dialoghi ecumenici vi è la questione del rapporto tra sinodalità e primato e la questione dell'importanza e della missione del primato del Vescovo di Roma.

Nei sei documenti vagliati durante il recentissimo Concilio panortodosso di Creta il documento su cui si è discusso più a lungo è stato quello sull'ecumenismo. Questo ha messo in luce, all'interno dell'ortodossia, correnti molto diverse: mentre una corrente è convinta dell'ecumenismo, un'altra esprime diverse perplessità riguardo all'ecumenismo e addirittura evita persino di utilizzare il termine. Tuttavia va riconosciuto che il Concilio Panortodosso ha approvato anche il documento sull'ecumenismo, confermando così i dialoghi ecumenici condotti fino ad ora e la disponibilità a portarli avanti.

Nota bene: Costantinopoli, fin dagli inizi, era la sede del Patriarcato greco ortodosso, il "primus inter pares" fra tutte le Chiese d'Oriente, già sede di San Giovanni Crisostomo e di vari Concili. Essa continuò a essere considerata la prima fra tutte le Chiese e il suo Patriarca la massima autorità delle Chiese d'Oriente. Tutte le varie Chiese ortodosse nazionali hanno sempre fatto riferimento a Costantinopoli. Con l'avvento dello Zarismo, del comunismo e con la conseguente crescita della potenza dell'Impero russo, la Chiesa Ortodossa Russa è diventata sempre più potente e influente. Essa è, infatti, una Chiesa confessionale molto legata al potere civile e politico dei suoi membri. Da ciò si possono dedurre le difficoltà di rapporto che sono nate tra Mosca e Costantinopoli. Mosca infatti si considera la "terza Roma", erede dell'Impero bizantino, con circa 300 milioni di fedeli in tutto il mondo, a differenza del Patriarcato di Costantinopoli che ha in Turchia solo qualche migliaia di fedeli. Sua Santità Bartolomeo, Patriarca di Costantinopoli, ha sempre, però, una grande autorità morale su tutto il mondo ortodosso e Costantinopoli continua ad essere il punto di riferimento per le Chiese d'Oriente. Durante il periodo comunista le Chiese vissute sotto il regime di Mosca erano costrette a riferirsi unicamente al Patriarcato di Mosca, ma appena ci fu il crollo del regime, molte Chiese hanno preferito ritornare ad avere come riferimento Costantinopoli, divenendo Chiese autonome e autocefale. È quello che è avvenuto oggi per la Chiesa ortodossa dell'Ucraina. Mentre il Patriarcato di Costantinopoli ha riconosciuto la validità di questa scelta, la Chiesa russa ha avuto, a riguardo, una forte reazione negativa, che l'ha portata a sospendere la "comunione eucaristica" con Costantinopoli. Sospendere la comunione eucaristica significa che il Clero della Chiesa Russa ortodossa non può più celebrare cerimonie congiunte con il Clero del Patriarcato di Costantinopoli e che i fedeli russi non possono partecipare ai Sacramenti nelle Chiese sotto la giurisdizione di Bartolomeo. È stata persino stilata una lista di tutte le Chiese dove gli ortodossi russi non potranno più pregare. Non è la prima volta che Mosca sospende le relazioni con Costantinopoli: successe anche nel 1999 quando la Chiesa Estone chiese al Patriarca Bartolomeo di legarsi alla sua giurisdizione anziché a Mosca. Ma ora la "posta in gioco" per Mosca è altissima: la Chiesa Russa ha 35.000 grandi parrocchie di cui la metà sono in Ucraina, perderle significherebbe perdere influenza e potere da parte della Chiesa Russa e del Cremlino (è intervenuto anche Putin a riguardo).

- Anche nel duro conflitto che scoppiò con la **Riforma** non erano in gioco soltanto questioni teologiche, ma diverse forme di spiritualità e sensibilità pietistiche. Non fu certo un caso che, inizialmente, il conflitto si accese intorno alla pratica pietistica delle indulgenze, con cui **Martin Lutero** non poteva conciliare la propria esperienza spirituale che poneva al centro il vangelo della giustificazione per sola grazia ed il suo accoglimento nella fede. La questione su Dio, ovvero sul Dio misericordioso rivelato nel vangelo, fu la forza motrice di tutta la vita e di tutta l'opera di Lutero. E poiché, per lui, la chiave per interpretare le Sacre Scritture era "ciò che conduce a Cristo", la sua spiritualità fu marcatamente cristocentrica.

Nel dialogo ecumenico con le comunità nate dalla Riforma un passo decisivo è stato compiuto nel **1999** con la firma della dichiarazione congiunta sulla dottrina della giustificazione. Con questa dichiarazione è stato raggiunto un ampio consenso sulla questione centrale che aveva condotto alla Riforma nel XVI secolo e, di conseguenza, alla divisione della Chiesa. La dichiarazione riconosce anche che le conseguenze ecclesiologiche di questo "consenso differenziato" non sono state ancora chiarite. Nell'abbazia di Westminster a Londra la Comunione anglicana ha accolto e recepito la «Dichiarazione congiunta sulla dottrina della giustificazione». La stessa «Dichiarazione» è stata accolta e firmata nel 2006 anche dal Consiglio metodista mondiale e ora dalla Comunione mondiale delle Chiese riformate. Adesso, tra le priorità del dialogo ecumenico, deve figurare il chiarimento del concetto di Chiesa, tanto più che dalla Riforma, e dalla conseguente divisione della Chiesa, è emersa una nuova forma dell'essere Chiesa, un nuovo tipo di Chiesa.

Il 2017, dal punto di vista ecumenico, è stato positivo, soprattutto grazie alla celebrazione comune del quinto centenario della Riforma protestante (1517-31 ottobre-2017). Per la prima volta luterani e cattolici hanno visto la Riforma da una prospettiva non di scontro ma di dialogo che ha reso possibile «una nuova comprensione degli eventi del XVI secolo che condussero alla separazione». Superare i pregiudizi; intensificare la comprensione reciproca; raggiungere accordi teologici «decisivi»: questi sono gli obiettivi dei cinquant'anni di dialogo tra luterani e cattolici, fissati in una dichiarazione congiunta della Federazione luterana mondiale e del Pontificio Consiglio per l'unità dei cristiani. Il 31 ottobre 2016 nella «commemorazione condivisa della Riforma» a Lund in Svezia si è chiesto «perdono per le nostre colpe e per il modo in cui i cristiani hanno ferito il corpo del Signore e si sono offesi reciprocamente nei cinquecento anni dalla Riforma». Nella preghiera congiunta luterana-cattolica, Francesco e il vescovo Munib A. Younan, presidente della Federazione luterana, si sono impegnati «a proseguire il cammino ecumenico verso l'unità per la quale Cristo ha pregato» e a riconoscere «la comune responsabilità pastorale di rispondere alla sete e alla fame spirituale del nostro popolo di essere uno in Cristo».

Oggi ci troviamo di fronte ad una grande pluralità di comunità nate dalla Riforma e numerose e crescenti sono le frammentazioni riscontrabili all'interno del protestantesimo che sono la diretta conseguenza di un concetto relativamente elastico di unità della Chiesa e del moltiplicarsi di nuovi gruppi evangelicali e carismatici. Oggi le Chiese libere autoctone, i gruppi evangelici, carismatici e soprattutto **le comunità e i movimenti pentecostali** rappresentano a livello mondiale, con i loro 400 milioni di fedeli, le comunità cristiane più numerose dopo quella romano-cattolica e rappresentano una nuova sfida tanto per i cattolici quanto per le comunità storiche della Riforma. Questi gruppi, infatti, tendono a configurarsi come una forma autonoma di cristianesimo. Fanno proprie le tesi decisive della Riforma quali la centralità della Scrittura, la giustificazione per grazia e il sacerdozio comune e universale dei fedeli ma diversa è la loro prospettiva culturale. Mentre, infatti, il Protestantesimo classico è nato essenzialmente dal confronto con la modernità europea, questi movimenti mantengono un rapporto critico con la modernità, tanto da rifiutare, nella loro interpretazione biblica, gli studi dell'esegesi moderna e da ignorare le grandi sfide poste dalla modernità. L'arcipelago evangelicale e pentecostale, caratterizzato spesso da un'interpretazione letterale del testo biblico e da tendenze fondamentaliste, è in genere caratterizzato da una certa diffidenza, se non da un vero e proprio rifiuto, nei confronti dell'ecumenismo. Con i gruppi pentecostali il cammino ecumenico, per lo più di natura spirituale, è tutto da costruire. Un apporto a questo tipo di dialogo sta venendo in modo autorevole dallo stesso Papa Francesco.

Capitolo 4

Il movimento ecumenico

Che cos'è il movimento ecumenico?

La grazia di Dio, ha spinto alcuni membri di parecchie Chiese e comunità ecclesiali a cercare con decisione di superare le divisioni del passato e di ricostruire una comunione d'amore mediante la preghiera, il pentimento, la reciproca richiesta di perdono per i peccati di divisione del passato e del presente, e attraverso incontri per iniziative di collaborazione e di dialogo teologico.

Il movimento ecumenico è una risposta (e non una proposta ...) al dono di Grazia-Amore di Dio.

E' una chiamata, una vocazione, di tutti i cristiani (.. e non di qualcuno ...) alla fede nella Chiesa, secondo il disegno d'amore di Dio che vuole portare l'umanità alla salvezza e all'unità in Cristo mediante lo Spirito santo.

Questo movimento chiama i cristiani a coinvolgersi affinchè si realizzi la preghiera di Gesù «perché tutti siano una sola cosa». Tutto questo si realizza soprattutto attraverso l'Amore (e non solo con i progetti pastorali ...). Quell'Amore, dono dello Spirito, che è il comandamento nuovo di Cristo e che ha come finalità quella di unire tutti i fedeli.

C'è da dire che il cammino ecumenico non richiede che venga sacrificata la ricca diversità di spiritualità, di disciplina, di riti liturgici e di elaborazione della verità rivelata che sono andati sviluppandosi tra i cristiani nella misura in cui tale diversità rimane fedele alla tradizione apostolica.

I cattolici sono invitati a rispondere, secondo le indicazioni dei loro Pastori, con solidarietà e gratitudine agli sforzi che si compiono per ristabilire l'unità dei cristiani in molte Chiese e comunità ecclesiali e nelle varie organizzazioni alle quali danno la loro collaborazione.

Là dove non si realizza nessuna attività ecumenica, almeno praticamente, i cattolici devono cercare di promuoverla.

Là dove l'impegno ecumenico incontra opposizioni o ostacoli, a causa di tendenze settarie o di attività che portano a divisioni ancora più profonde tra coloro che confessano il nome di Cristo, i cattolici dovranno essere pazienti e perseveranti. Ciò potrebbe riguardare particolarmente le giovani Chiese.

I cattolici, in tutti i loro rapporti con membri di altre Chiese e comunità ecclesiali, dovranno agire con rettitudine, prudenza e competenza.

Qualunque sia la situazione locale, i cattolici, per essere in grado di assumere le loro responsabilità ecumeniche, devono agire insieme e in accordo con i loro vescovi.

Esso richiede, infine, quella «conversione del cuore e quella santità della vita, insieme con le preghiere private e pubbliche per l'unità dei cristiani», che il decreto del concilio Vaticano II sull'ecumenismo chiama «ecumenismo spirituale» e ritiene essere «l'anima di tutto il movimento ecumenico».

Capitolo 5

Il Concilio Vaticano II e l'ecumenismo

Come si è collocato il Concilio Vaticano II nel rispondere a questa esigenza di unità propria del movimento ecumenico?

Il concilio Vaticano II ha esplicitamente chiesto ai cattolici di abbracciare nell'Amore tutti i cristiani con una Carità che desidera superare, nella verità, ciò che li divide.

I cattolici, dal Concilio in poi, sono chiamati a operare, sperando e pregando, per l'unità dei cristiani. La loro azione ecumenica deve essere ispirata e guidata da una vera comprensione della Chiesa che è in Cristo come «sacramento, cioè segno e strumento dell'intima unione con Dio e dell'unità di tutto il genere umano».

L'insegnamento della Chiesa sull'ecumenismo trova un'espressione ufficiale nei documenti del concilio Vaticano II e in particolare nella *Lumen gentium* e nell'*Unitatis redintegratio.*

I documenti successivi, che hanno per oggetto l'attività ecumenica nella Chiesa, si basano sui principi dottrinali, spirituali e pastorali enunciati nei documenti del Concilio. Essi hanno approfondito alcuni argomenti, hanno sviluppato una terminologia teologica più appropriata ed hanno impartito norme d'azione più dettagliate ma sempre a partire dall'insegnamento del Concilio. C'è da dire, poi, che, proprio a partire dal concilio Vaticano II l'attività ecumenica, in tutta la Chiesa cattolica, è stata ispirata e guidata da diversi documenti e iniziative della Santa Sede e, nelle Chiese particolari, da documenti e iniziative dei vescovi, dei Sinodi delle Chiese orientali cattoliche e delle Conferenze episcopali. Si devono anche ricordare i progressi realizzati in molteplici forme di dialogo ecumenico e in diversi tipi di collaborazione ecumenica. Secondo la stessa espressione del Sinodo dei vescovi del 1985, l'ecumenismo «si è profondamente e indelebilmente impresso nella coscienza della Chiesa».

Capitolo 6

Gli ultimi Papi e l'Ecumenismo

Per quanto riguarda l'impegno ecumenico è importante menzionare l'opera degli ultimi pontefici. Ricordiamo, in particolare, Giovanni Paolo II, Benedetto XVI e Francesco

Giovanni Paolo II:

Il processo di una riconciliazione delle memorie era già stata avviata da Giovanni XXIII ma solo con il pontificato di Giovanni Paolo II questa idea trovò piena attuazione.

Giovanni Paolo II ha legato il proprio nome alla causa ecumenica, "priorità" del suo pontificato. Questa priorità ha trovato espressione in svariati modi e in diverse circostanze. Basti pensare agli incontri che Giovanni Paolo II ha avuto in tutto il mondo con i rappresentanti di altre confessioni.

Ha, inoltre, redatto l'enciclica *Ut unum sint* nel 1995, dedicata interamente all'ecumenismo, in cui si è fatto interprete di una ricchissima teologia ecumenica.

È quasi impossibile presentare per intero il contributo di questo Papa alla causa ecumenica. Ma per comprendere l'importanza avuta da questo Papa anche per le altre confessioni cristiane ci basti considerare che uno degli eventi della comunione ritrovata tra cristiani sia stata la partecipazione unica del mondo ecumenico e religioso ai funerali di Giovanni Paolo II.

Emblematico è stato il riconoscimento di molti non cattolici della credibilità e universalità della sua testimonianza, e persino del suo magistero, fatto di gesti e parole profondamente ecumenici.

Benedetto XVI:

Proprio perché al centro della teologia di Benedetto XVI sta il messaggio dell'amore di Dio che in Gesù si è fatto carne, anche il suo magistero da pontefice è stato un magistero totalmente teocentrico e cristocentrico e, proprio per questo, anche ecumenico. Papa Benedetto lo ha testimoniato in modo particolare con la sua trilogia su Gesù di Nazareth, non un atto magisteriale ma espressione della sua ricerca personale del volto del Signore, vera e propria professione di fede in Cristo di Papa Benedetto. È proprio sul versante della centratura cristologica che il suo pontificato è riuscito a stabilire un dialogo proficuo con il mondo della Riforma. Ci basti solo pensare al discorso nell'ex convento agostiniano di Erfurt e alla "sua" ri-lettura di Martin Lutero.

Papa Benedetto ha, inoltre, espresso la sua profonda vicinanza al mondo dell'ortodossia, in particolare nei riguardi della divina liturgia e dei Padri della Chiesa. Non è un caso che proprio lui sia stato uno dei primi membri della Commissione Mista Internazionale per il dialogo teologico tra la Chiesa cattolica e le Chiese ortodosse, a seguito della sua fondazione nel 1979. Tra i grandi meriti di Papa Benedetto XVI vi è quello di aver fatto in modo che, poco dopo l'inizio del suo pontificato, la Commissione Mista Internazionale per il dialogo teologico tra la Chiesa cattolica e le Chiese ortodosse riprendesse i suoi lavori e potesse pubblicare, durante la plenaria di Ravenna nel 2007, il documento intitolato, *Ecclesiologia e conseguenze canoniche della natura sacramentale della Chiesa. Communio ecclesiale, conciliarità e autorità.* Questo documento afferma che a tutti i livelli della Chiesa esistono sinodalità e primato, i quali sono interdipendenti tra loro. Va considerato che fin da teologo, Ratzinger ha fatto sforzi enormi per chiarire la questione del primato del vescovo di Roma, spostando l'accento da una visione giuridica del primato a una sua comprensione primariamente come testimonianza cristiana di tipo particolare e come servizio all'unità nell'amore.

Egli è stato sempre, però, un fermo oppositore di qualsiasi annacquamento nel campo della dottrina della fede, indicando, giustamente, che l'unità, per principio possibile tra Oriente e Occidente, deve essere preparata con cura, deve maturare sia spiritualmente sia a livello pratico, grazie anche a profondi studi di carattere teologico e storico.

Il motivo più profondo alla base dell'impegno ecumenico di Benedetto XVI è racchiuso in questa convinzione di fondo: "L'amore vero non annulla le legittime differenze, ma le armonizza in una superiore unità, che non viene imposta dall'esterno, ma che dall'interno dà forma, per così dire, all'insieme".

È sulla solida roccia della convinzione che Dio è Amore che si basa, in Benedetto XVI, la paziente ricerca dell'unità tra tutti i discepoli di Cristo. Questo pontificato merita un analisi a parte per il grande contributo, spesso misconosciuto, che ha portato alla Chiesa. E non solo dal punto di vista ecumenico.

E Papa Francesco?

Del nostro attuale Pontefice non posso non ricordare la sua teologia del **Poliedro** dove paragona, per l'appunto, l'unità alla figura geometrica del poliedro: un'unica figura ma formata da parti diverse che conservano la loro peculiarità. Il Papa ci ricorda di continuo che lo Spirito Santo non ci fa tutti uguali, non crea uniformità, ma ci rende uniti nella diversità. Questa definizione di matrice protestante che Papa Francesco fa sua va saputa, però, collocare all'interno della sua teologia del poliedro dove è vero che si dà uno spazio precipuo alle reciproche diversità ma è altrettanto vero che queste reciproche differenze acquistano pieno significato solo assembrate insieme poiché solo insieme formano la figura del poliedro. Da sola una diversità non ha senso. Solo insieme alle altre forma una superiore unità che da vita a qualcosa di nuovo e, nello stesso tempo, assume un valore la novità specifica di cui è portatrice. Questa immagine "nuova" di Papa Francesco è, in fondo, assimilabile, fatte salve le debite differenze, alla paolina concezione di Chiesa quale Corpo di Cristo dove tutte le membra sono diverse e hanno una loro specifica funzionalità indispensabile al corpo ma solo insieme hanno senso perché solo insieme formano il corpo di Cristo. Questo è tanto più vero se si considerano altri due princìpi che costituiscono i capisaldi del pensiero di Papa Francesco e che sono esposti nell'*Evangelii Gaudium*, suo programma di pontificato, il tutto è superiore alla parte e l'unità è superiore al conflitto.

- **Il tutto è superiore alla parte:** Il tutto è più della parte, ed è anche più della loro somma. Dunque, non si deve essere ossessionati da questioni limitate e particolari ma bisogna allargare lo sguardo per riconoscere un bene più grande che porterà benefici a tutti noi. Bisogna lavorare nel piccolo, con ciò che è vicino, ma con una prospettiva più ampia. Allo stesso modo, una persona deve conservare la sua personalità e non deve nascondere la sua identità e, quando si integra in una comunità, non deve annullare la sua diversità, ma riceve sempre nuovi stimoli per il proprio sviluppo.

- **L'unità è superiore al conflitto:** Il conflitto non può essere ignorato o dissimulato ma dev'essere accettato. Ma se rimaniamo intrappolati in esso rischiamo di perdere la prospettiva, gli orizzonti si limitano e la realtà stessa resta frammentata. Quando ci fermiamo nella congiuntura conflittuale, perdiamo il senso dell'unità profonda della realtà. Bisogna accettare di sopportare il conflitto, risolverlo e trasformarlo in un anello di collegamento di un nuovo processo. In questo modo è possibile sviluppare una comunione nelle differenze, che può essere favorita solo da quelle persone che hanno il coraggio di andare oltre la superficie conflittuale e considerano gli altri nella loro dignità più profonda. In questo senso la solidarietà diventa uno stile di costruzione della storia, un ambito vitale dove i conflitti, le tensioni e gli opposti possono raggiungere una pluriforme unità che genera nuova vita. Non significa puntare al sincretismo, né all'assorbimento di uno nell'altro, ma alla risoluzione su di un piano superiore che conserva in sé le preziose potenzialità delle polarità in contrasto.

Le applicazioni ecumeniche di questi due princìpi sono più che evidenti !

Da quanto detto emerge quanto segue: quanto Papa Francesco parla di **unità nella diversità** l'accento è posto sull'unità (un' unità pluriforme che valorizza le diversità ma che è superiore alle singole parti e alla loro somma, il poliedro è una nuova figura rispetto alle parti che lo compongono) Quando i protestanti, invece, parlano di unità nella diversità l'accento viene posto sulla diversità che è superiore ad ogni forma di unità. Per loro non esiste una figura geometrica in grado di unificare le rispettive comunità cristiane ma esistono tante figure geometriche, anche molto diverse tra loro, quante sono le comunità cristiane nate dalla Riforma. Molti riformati non parlano neanche di unità nella diversità ma di una **diversità riconciliata**. Papa Francesco ha descritto la diversità riconciliata come un processo dinamico di ricerca della verità mentre camminiamo insieme nell'unità battesimale in comunione trinitaria. È un unità che si fa nel cammino e non è mai ferma. In questo senso diventa legittimo, anche nel mondo cattolico, parlare di diversità riconciliata.

Alcuni anni fa J. Ratzinger ha proposto una nuova formula per l'ecumenismo: **l'unità attraverso la diversità.** Questa consiste nell'assumere nella divisione ciò che è fecondo, disintossicare la divisione stessa e ricevere dalla diversità tutto ciò che è positivo. Questo nella speranza che, alla fine, la rottura smetta di essere tale e diventi solo una polarità senza contraddizione. Credo che questa descrizione possa esprimere bene il significato dell'azione ecumenica di Francesco: una linea di ricerca della piena unità attraverso modelli di comunione e illuminando i punti opposti al fine di indirizzarli verso l'unità.

Se, poi, vogliamo soffermarci sul significato e l'importanza che Papa Francesco attribuisce all'ecumenismo basta dare un occhiata ai n. ad esso dedicati dell'*Evangelii Gaudium* dove il Papa, richiamando il principio conciliare della gerarchia delle verità e il principio caro a Giovanni XXIII che ciò che ci unisce è superiore a ciò che ci divide, definisce l'ecumenismo come uno scambio di doni nello Spirito e un camminare insieme verso forme comuni di annuncio, servizio e testimonianza:

244. *L'impegno ecumenico risponde alla preghiera del Signore Gesù che chiede che «tutti siano una sola cosa» (Gv 17,21). La credibilità dell'annuncio cristiano sarebbe molto più grande se i cristiani superassero le loro divisioni e la Chiesa realizzasse «la pienezza della cattolicità a lei propria in quei figli che le sono certo uniti col battesimo, ma sono separati dalla sua piena comunione». Dobbiamo sempre ricordare che siamo pellegrini, e che peregriniamo insieme. A tale scopo bisogna affidare il cuore al compagno di strada senza sospetti, senza diffidenze, e guardare anzitutto a quello che cerchiamo: la pace nel volto dell'unico Dio. Affidarsi all'altro è qualcosa di artigianale, la pace è artigianale. Gesù ci ha detto: «Beati gli operatori di pace» (Mt5,9). In questo impegno, anche tra di noi, si compie l'antica profezia: «Spezzeranno le loro spade e ne faranno aratri» (Is 2,4).*

246. *Data la gravità della controtestimonianza della divisione tra cristiani, particolarmente in Asia e Africa, la ricerca di percorsi di unità diventa urgente. I missionari in quei continenti menzionano ripetutamente le critiche, le lamentele e le derisioni che ricevono a causa dello scandalo dei cristiani divisi. Se ci concentriamo sulle convinzioni che ci uniscono e ricordiamo il principio della gerarchia delle verità, potremo camminare speditamente verso forme comuni di annuncio, di servizio e di testimonianza. L'immensa moltitudine che non ha accolto l'annuncio di Gesù Cristo non può lasciarci indifferenti. Pertanto, l'impegno per un'unità che faciliti l'accoglienza di Gesù Cristo smette di essere mera diplomazia o un adempimento forzato, per trasformarsi in una via imprescindibile dell'evangelizzazione. I segni di divisione tra cristiani in Paesi che già sono lacerati dalla violenza, aggiungono altra violenza da parte di coloro che dovrebbero essere un attivo fermento di pace. Sono tante e tanto preziose le cose che ci uniscono! E se realmente crediamo nella libera e generosa azione dello Spirito, quante cose possiamo imparare gli uni dagli altri! Non si tratta solamente di ricevere informazioni sugli altri per conoscerli meglio, ma di raccogliere quello che lo Spirito ha seminato in loro come un dono anche per noi. Solo per fare un esempio, nel dialogo con i fratelli ortodossi, noi cattolici abbiamo la possibilità di imparare qualcosa di più sul significato della collegialità episcopale e sulla loro esperienza della sinodalità. Attraverso uno scambio di doni, lo Spirito può condurci sempre di più alla verità e al bene.*

Che cosa è il principìo della gerarchia delle verità? La **gerarchia delle verità** è il rapporto in cui stanno l'una all' altra le verità della fede cristiana. La gerarchia delle verità non significa che alcune verità appartengano alla fede meno di altre; essa significa solo che alcune verità si fondano su altre che sono più importanti e che, da esse, sono illuminate. L'esistenza di una gerarchia delle verità significa che la rivelazione cristiana non è un elenco di proposizioni vere che in quanto garantite come rivelate hanno lo stesso valore. La verità cristiana si manifesta principalmente nella parola, nella persona e nella storia di Gesù Cristo e trova nel mistero pasquale di morte e risurrezione la sua pienezza e il suo significato più vero ed autentico, ed è in relazione a questo fondamento che tutti gli altri aspetti della rivelazione devono essere compresi. Il decreto del Concilio Vaticano II sull' ecumenismo, *Unitatis Redintegratio*, parla della gerarchia delle verità come uno dei criteri da seguire nel dialogo con le altre confessioni cristiane. Il testo conciliare invita a distinguere ciò che è centrale da ciò che è secondario nella fede e nei modi in cui essa si esprime. Spesso infatti l'immagine che le Chiese e le comunità cristiane hanno le une delle altre si basa su elementi secondari e non riescono a cogliere gli elementi essenziali della dottrina e dell'identità ecclesiale. Per il dialogo tra le Chiese e le comunità occorre precisare il legame tra le dottrine sulle quali si cerca di raggiungere il consenso e il fondamento della rivelazione cristiana. Sulle verità che sono al centro del messaggio cristiano il consenso deve essere pieno ed esplicito mentre su altri aspetti della coscienza cristiana, maturati nel corso dei secoli attraverso la meditazione della Scrittura, la liturgia e la vita cristiana, possono legittimamente rimanere delle differenze. Certamente si deve poter mostrare che le convinzioni delle diverse comunità ecclesiali non siano in contraddizione tra di loro e con il fondamento comune.

In questo numero, inoltre, Francesco parla di quello che potremmo definire ecumenismo ricettivo. L'ecumenismo ricettivo è quell'ecumenismo che risponde alla domanda seguente: cosa abbiamo bisogno di imparare dalle altre tradizioni cristiane? È quell'ecumenismo inteso come uno "scambio di doni" in cui ogni confessione cristiana impara dall'altra. Per esempio la Chiesa Cattolica che cosa può imparare dalle altre confessioni? Dalle

Chiese ortodosse può imparare il principio della sinodalità e della collegialità, dalle antiche Chiese orientali può imparare dalla liturgia, dalla spiritualità e dall'ecclesiologia d'Oriente e dalla tradizione luterana possiamo imparare la riforma e la Scrittura.

Un altro testo ecumenicamente importante di Papa Francesco è la *Gaudete et Exultate* dove il pontefice parla, richiamandosi a Giovanni Paolo II, della testimonianza di carità e donazione dei martiri delle varie confessioni. Martiri che, a prescindere dalle varie confessioni, si sono trovati uniti nel dare la vita per Cristo e il sangue del loro sacrificio d'amore è già un seme d'unità. L'unità prodotta dalla loro donazione è più forte di ogni divisione umana. È l'ecumenismo del sangue e della sofferenza:

> 9. *La santità è il volto più bello della Chiesa. Ma anche fuori della Chiesa Cattolica e in ambiti molto differenti, lo Spirito suscita «segni della sua presenza, che aiutano gli stessi discepoli di Cristo». D'altra parte, san Giovanni Paolo II ci ha ricordato che «la testimonianza resa a Cristo sino allo spargimento del sangue è divenuta patrimonio comune di cattolici, ortodossi, anglicani e protestanti». Nella bella commemorazione ecumenica che egli volle celebrare al Colosseo durante il Giubileo del 2000, sostenne che i martiri sono «un'eredità che parla con una voce più alta dei fattori di divisione».*

Capitolo 7

La Chiesa e la sua unità nel piano di Dio

Il Concilio colloca il mistero della Chiesa nel mistero della sapienza e della bontà di Dio, il quale attira tutta la famiglia umana e l'intera creazione all'unità in lui. A questo fine:

- Dio ha mandato nel mondo il suo Figlio Unigenito, che, innalzato sulla croce e poi entrato nella gloria, ha donato lo Spirito santo, per mezzo del quale convoca e riunisce nell'unità della fede, della speranza e della carità la sua Chiesa.

- Per fondare in ogni luogo la Chiesa santa fino alla fine dei secoli, Cristo affidò il compito di insegnare, governare e santificare al collegio dei Dodici, al quale diede Pietro come capo. «Gesù Cristo per mezzo della fedele predicazione del Vangelo, dell'amministrazione dei sacramenti e del governo esercitato nell'amore da parte degli apostoli e dei loro successori sotto l'azione dello Spirito santo, vuole che il suo popolo cresca e sia perfezionata la sua comunione nell'unità».

Il Concilio presenta la Chiesa come il nuovo popolo di Dio che riunisce, con tutte le ricchezze della loro diversità, uomini e donne di ogni nazione e di ogni cultura, dotati di tanti e molteplici doni di natura e di grazia, posti a servizio gli uni degli altri, e consapevoli d'essere mandati nel mondo per la sua salvezza.

Essi accolgono nella fede la Parola di Dio, sono battezzati in Cristo, confermati nello Spirito della Pentecoste e celebrano insieme il sacramento del corpo e del sangue di Cristo nell'Eucaristia.

A servizio del popolo di Dio, per la sua comune vita di fede e sacramentale, sono posti i ministri ordinati: vescovi, presbiteri e diaconi.

Capitolo 8

Il Principio Cattolico della Comunione

La comunione nella quale i cristiani credono e sperano è la loro unità con il Padre per Cristo nello Spirito santo. Dopo la Pentecoste essa è donata e ricevuta nella Chiesa. Avrà il suo pieno compimento nella gloria del cielo ma si realizza già ora nella Chiesa mentre cammina verso quella pienezza.

Domanda: **Come si realizza la comunione cattolica?**

La Comunione, prima di tutto, è un vivere.

È vivere:

1. uniti nella fede, nella speranza e nella carità,
2. nel servizio vicendevole,
3. nell'insegnamento comune,
4. nei sacramenti,
5. sotto la guida dei Pastori.

In questo modo vi è un triplice legame:

I. della fede,

II. della vita sacramentale,

III. del ministero gerarchico.

Attraverso ciò il popolo di Dio realizza ciò che la tradizione di fede dal Nuovo Testamento in poi ha sempre chiamato la **koinonia/comunione**. È, questo, il concetto chiave che ha ispirato l'ecclesiologia del concilio

Vaticano II. **Il principio comunione** è il baluardo che regola l'ecclesiologia e, di conseguenza, l'ecumenismo cattolico.

Tale principio della comunione concretamente si realizza nelle Chiese particolari, ognuna delle quali è riunita attorno al proprio Vescovo. In ciascuna di esse «è veramente presente e agisce la Chiesa di Cristo, una, santa, cattolica ed apostolica». Tale comunione, per sua stessa natura, è perciò universale.

La comunione tra le Chiese si esprime soprattutto attraverso la comunione tra i loro vescovi. Insieme essi formano un collegio, che succede al collegio apostolico e ha come suo capo il Vescovo di Roma, quale successore di Pietro. Così i vescovi garantiscono che le Chiese continuano l'unica Chiesa di Cristo, fondata sulla fede e sul ministero degli apostoli.

Ogni Chiesa particolare, unita in se stessa e nella comunione della Chiesa una, santa, cattolica ed apostolica, è mandata in nome di Cristo e per la potenza dello Spirito a portare il Vangelo del Regno ad un sempre maggior numero di persone, offrendo loro la comunione con Dio. Accogliendola, queste persone entrano a far parte della famiglia di Dio. Con la sua unità, questa famiglia testimonia la comunione con Dio. Proprio in questa missione della Chiesa si realizza la preghiera di Gesù: «perché tutti siano una sola cosa. Come tu, Padre, sei in me e io in te, siano anch'essi in noi una cosa sola, perché il mondo creda che tu mi hai mandato».

La comunione all'interno delle Chiese particolari e tra loro è un dono di Dio. La si deve accogliere con gioia e gratitudine, e coltivare con cura. Essa è custodita particolarmente da coloro che sono chiamati a esercitare nella Chiesa il ministero di pastore.

L'unità della Chiesa non è, però, uniformità ma si realizza nel contesto di una diversità. La diversità è una dimensione della cattolicità della Chiesa. La ricchezza stessa di tale diversità può, tuttavia, generare tensioni nella comunione. Ma, nonostante queste tensioni, lo Spirito continua ad agire nella Chiesa chiamando i cristiani, nella loro diversità, ad una sempre più profonda unità.

Capitolo 9

Diversi modelli ecumenici di Chiesa

Il "principio comunione", sopra delineato, è il modello **cattolico** dell'ecumenismo e, perciò, non è condiviso dagli altri cristiani. Noi cristiani siamo uniti nel volere l'unità ma non siamo uniti in ciò in cui consiste l'unità e, di conseguenza, non siamo uniti in ciò verso cui deve condurre il cammino ecumenico.

I fratelli protestanti hanno un modello diverso di unità, che ho già accennato in precedenza, chiamato dell'**unità nella diversità** o, detto in altri termini, della **diversità riconciliata.**

Due modelli non compatibili.

Vi sono modelli diversi di unità perché si fa riferimento a modelli ecclesiologici diversi.

La Chiesa cattolica, nel seguire il suo modello della comunione in cui la successione apostolica riveste un ruolo fondamentale, riconosce come Chiese quelle comunità che «pur non essendo in perfetta comunione con la Chiesa cattolica, restano unite ad essa per mezzo di strettissimi vincoli, quali per l'appunto la successione apostolica e la valida eucaristia". Queste sono le Chiese ortodosse e le Antiche Chiese dell'Oriente.

Sì ritiene invece mancante di quelle condizioni fondamentali che permetterebbero di considerarla Chiesa particolare una Comunità cristiana, che non ha un episcopato radicato nella successione apostolica, o «la genuina ed integra sostanza del mistero eucaristico», così come esso è stato trasmesso dalla Tradizione della Chiesa.

Le Comunità ecclesiali originate dalla Riforma hanno modi differenziati di descrivere la Chiesa. Ad esempio, la Chiesa Presbiteriana degli Stati Uniti d'America, in un documento ufficiale, ha adottato la seguente definizione: «Le varie e diverse congregazioni di credenti, prese in senso collettivo, costituiscono l'unica Chiesa di Cristo, chiamata, in modo ridondante, la Chiesa». In questo caso l'unità si concretizza in una saldatura delle differenti tradizioni ecclesiali esistenti. Le precedenti particolarità confessionali vengono rielaborate in una forma condivisa di confessione di fede, in una comune comprensione sacramentale e in un'unica struttura organizzativa. È un modello di unità organico nato nel mondo anglicano e adottato nell'ambito di altre denominazioni nate dalla Riforma.

I Luterani hanno, invece, una comprensione più profonda e affermano che la Chiesa è «laddove si predica il Vangelo e si amministrano i sacramenti secondo il Vangelo».

Dunque secondo la visione protestante vi è la Chiesa di Cristo là dove il Vangelo è predicato e dove vengono amministrati correttamente i due sacramenti del Battesimo e della Santa cena del Signore. Se ci sono queste condizioni c'è piena comunione tra le varie Comunità riformate e pieno riconoscimento reciproco pur sussistendo una grande autonomia tra le comunità, che mantengono la loro identità, e pur essendoci delle differenze teologiche anche rilevanti tra di esse. Questa è la concezione di Chiesa a cui fa riferimento il modello ecumenico della diversità riconciliata in cui la rispettiva diversità non impedisce di riconoscersi reciprocamente come la Chiesa di Gesù Cristo.

Come si potrà facilmente dedurre in questa concezione manca ogni riferimento al Ministero che non costituisce un elemento essenziale alla loro definizione di Chiesa a differenza della concezione Cattolica in cui il riferimento ministeriale è fondamentale.

Questa è la ragione per cui i cattolici parliamo di Chiese ortodosse riconoscendole come tali ma, in genere, non parlano di Chiese protestanti ma di comunità ecclesiali perché se non c'è il ministero gerarchico non c'è Chiesa.

Questa diversa terminologia Chiesa/Comunità cristiana, determinante anche e soprattutto una diversa comprensione di cosa è Chiesa, ha costituito e costituisce ancora un motivo di attrito con i fratelli protestanti.

Il Concilio ha, tuttavia, cercato di accogliere questo diverso modo di determinare il luogo della Chiesa affermando che le Chiese evangeliche effettive non sono Chiese nello stesso modo in cui ritiene di esserlo quella cattolica ma, in esse, esistono elementi di salvezza e verità. In altri termini le altre Chiese e Comunità ecclesiali, «quantunque crediamo che abbiano delle carenze, nel mistero della salvezza non sono affatto spoglie di significato e di peso. Poiché lo Spirito di Cristo non ricusa di servirsi di esse come strumenti di salvezza, il cui valore deriva dalla stessa pienezza della grazia e della verità che è stata affidata alla Chiesa cattolica». Inoltre, «i battezzati in queste Comunità sono dal battesimo incorporati a Cristo e, perciò, sono in una certa comunione, sebbene imperfetta con la Chiesa».
Su quest'ultimo punto c'è ancora una diversità tra Chiesa cattolica e Chiese ortodosse. Gli ortodossi, cioè, riconoscono che l'unica vera Chiesa di Cristo è la Chiesa ortodossa e non fuori di essa. La Chiesa cattolica, invece, afferma che la vera Chiesa di Cristo *sussiste* nella Chiesa cattolica. Questa espressione del Concilio Vaticano II esprime la convinzione che, pur ammettendo che la realizzazione completa della Chiesa di Cristo è la Chiesa cattolica, non esclude che anche altre Chiese e comunità cristiane siano in grado di offrire ai loro fedeli i mezzi della salvezza.

Capitolo 10

Sull'espressione Chiese sorelle

Sempre più spesso si usa l'espressione chiese al plurale e si parla di chiese sorelle per indicare la Chiesa cattolica la Chiesa ortodossa, inducendo a pensare che nella realtà non esisterebbe l'unica Chiesa di Cristo, ma essa potrà essere ristabilita solo a seguito della riconciliazione tra queste due Chiese.

Inoltre la medesima espressione viene da taluni indebitamente applicata al rapporto tra la Chiesa cattolica e la Comunione anglicana e le Comunità ecclesiali non cattoliche dall'altra. Così si è arrivati a parlare di una «teologia delle Chiese sorelle» o di una «ecclesiologia delle Chiese sorelle», caratterizzate da un'ambiguità e da una discontinuità nell'uso e nel significato di questa parola.

Per superare questi equivoci e ambiguità nell'uso e nell'applicazione dell'espressione Chiese sorelle, la Congregazione per la Dottrina della Fede ha ritenuto necessario redigere l'acclusa Nota sull'espressione «Chiese sorelle», che è stata approvata dal Santo Padre Giovanni Paolo II nell'Udienza del 9 giugno 2000, e le cui indicazioni sono pertanto da ritenersi autorevoli e vincolanti.

La nota afferma che in senso proprio, Chiese sorelle sono esclusivamente le Chiese particolari o i raggruppamenti di Chiese particolari: ad esempio, i Patriarcati e le Metropolie tra di loro. Ciò che comunque deve rimanere sempre chiaro, anche quando l'espressione Chiese sorelle viene usata in questo senso proprio, è che la Chiesa universale, una, santa, cattolica ed apostolica, non è sorella ma madre di tutte le Chiese particolari.

Si può parlare di Chiese sorelle, in senso proprio, anche in riferimento a Chiese particolari cattoliche e non cattoliche; e pertanto anche la Chiesa particolare di Roma può essere detta sorella di tutte le Chiese particolari.

Ma non si può dire propriamente che la Chiesa Cattolica sia sorella di una Chiesa particolare o gruppo di Chiese.

Si tratta di rispettare una fondamentale verità della fede cattolica: quella cioè dell'unicità della Chiesa di Gesù Cristo. Esiste infatti un'unica Chiesa, e perciò il plurale Chiese si può riferire solo alle Chiese particolari.

Di conseguenza è da evitare perchè fonte di malintesi e di confusione teologica l'uso di formule come «le nostre due Chiese». È, infatti, un plurale percepito non soltanto a livello di Chiese particolari, ma anche, a volte, a livello della Chiesa una, santa, cattolica ed apostolica, confessata nel Credo, la cui esistenza reale appare così offuscata.

PARTE SECONDA

Breviario di Pastorale Ecumenica

Capitolo 11

La formazione all'ecumenismo nella Chiesa Cattolica

«La cura di ristabilire l'unione riguarda tutta la Chiesa, sia i fedeli che i pastori, e tocca ognuno secondo la propria capacità, tanto nella vita cristiana di ogni giorno quanto negli studi teologici e storici».

Tenuto conto della natura della Chiesa cattolica, i cattolici troveranno nella fedeltà alle indicazioni del concilio Vaticano II i mezzi per contribuire alla formazione ecumenica sia di ciascun membro sia dell'intera comunità alla quale appartengono.

Un contributo particolare, però, può essere dato dai membri del popolo di Dio che sono impegnati nella formazione, coloro che svolgono un'attività pastorale, in particolare i parroci e gli altri ministri ordinati, hanno una funzione da svolgere in questo campo.

Attiene alla responsabilità di ogni Vescovo, dei Sinodi delle Chiese orientali cattoliche e delle Conferenze episcopali impartire direttive generali riguardanti la formazione ecumenica.

Nella formazione ecumenica si deve tener conto della diversità delle persone, delle funzioni e delle situazioni, come della specificità delle Chiese particolari e delle comunità impegnate con esse nella ricerca dell'unità.

Di conseguenza, la formazione ecumenica richiede una pedagogia che si adatti alle concrete situazioni di vita delle persone e dei gruppi e che rispetti i tempi e le esigenze di ciascuna persona. C'è da cambiare o modificare degli atteggiamenti e degli schemi mentali e ciò non è uno scherzo e non può essere fatto con un atto di forza dalla sera alla mattina ma esige pazienza e una maturazione lenta e progressiva.

Tutti coloro che si occupano di pastorale dovranno venire formati gradatamente, secondo degli orientamenti di fondo:

a) Sono necessarie la **conoscenza della sacra Scrittura e la formazione dottrinale,**

b) **La conoscenza della storia e della situazione ecumenica del paese in cui si vive.**

c) **La conoscenza della storia delle divisioni,**

d) **La conoscenza degli sforzi di riconciliazione tra le Chiese e comunità ecclesiali,**

e) **La conoscenza delle posizioni dottrinali delle altre Chiese e comunità ecclesiali.** Questo consente di analizzare i problemi nel loro contesto socioculturale e di discernere, nelle espressioni della fede, le diversità legittime e le divergenze incompatibili con la fede cattolica.

f) Si dovrà tener conto dei **risultati forniti dai dialoghi teologici e dagli studi scientifici.**

g) **Evitare il pericolo di interpretazioni soggettive nella presentazione della fede cattolica e nel modo in cui la Chiesa cattolica comprende la fede e la vita delle altre Chiese e comunità ecclesiali.**

h) **La formazione ecumenica dovrebbe far sentire come inseparabili la sollecitudine per l'unità della Chiesa cattolica e quella della comunione con le altre Chiese e comunità ecclesiali.**

i) **Ai cattolici deve stare a cuore l'approfondimento delle relazioni tanto con i cristiani orientali quanto con i cristiani sorti dalla Riforma.**

In questo modo tutti quelli che si occupano di pastorale saranno fedeli alla vivente tradizione, che nella Chiesa è sorgente di azione. Sapranno vagliare e accogliere la verità, ovunque essa si trovi:

« Ogni verità, da qualunque parte venga, è dallo Spirito santo».

11.1. I mezzi di formazione:

- **L'ascolto e lo studio della Parola di Dio**. La Chiesa cattolica ha sempre considerato «le divine Scritture», unitamente alla tradizione, «come la regola suprema della propria fede»; esse sono «per i figli della Chiesa, [...] cibo dell'anima, sorgente pura e perenne di vita spirituale». I nostri fratelli e le nostre sorelle di altre Chiese e comunità ecclesiali hanno profonda venerazione e amore per la sacra Scrittura. Ciò li spinge allo studio costante e diligente dei libri sacri. Quindi, la Parola di Dio, essendo unica e la stessa per tutti i cristiani, rinvigorirà progressivamente il cammino verso l'unità nella misura in cui verrà accostata con religiosa attenzione e con uno studio appassionato.

  La Bibbia è certamente un nesso di comunione fra tutti i cristiani ma anche, nello stesso tempo, un segno di contraddizione. Le divergenze principali sono tre:

  a) *L'elenco dei libri canonici della Bibbia*: i cristiani cattolici e ortodossi riconoscono 46 libri dell'Antico Testamento come testi ispirati, mentre i protestanti solo 39 e non accettano i libri deuterocanonici;

  b) *L'interpretazione della Bibbia*: gli orientali, gli ortodossi e i cattolici leggono e interpretano la Bibbia nella Chiesa e con la Chiesa, maestra dell'insegnamento autentico e autorevole. I protestanti, invece, sostengono l'interpretazione personale della Bibbia in cui il criterio fondamentale è che la Bibbia si spiega con la Bibbia. Questo perché è un libro affidato personalmente a ciascuno di noi e perché ogni battezzato ha ricevuto lo Spirito Santo, maestro interiore e ispiratore della Bibbia, capace di illuminarlo e colmarlo di doni e carismi con i quali può farsi interprete della Bibbia.

c) *L'organo della Verità*: i protestanti non hanno un'autorità centrale o un magistero per cui le loro risposte alle verità di fede e alle questioni morali sono, molto spesso, divergenti, anche fra le stesse comunità protestanti. Invece la Chiesa cattolica riconosce l'autorità suprema del Concilio ecumenico e, a date condizioni, del Papa in materia di fede e morale. In questo senso, più che parlare a nome proprio, essi esprimono il *sensus fidei,* ovvero il senso della fede di tutto il popolo quando mostra l'universale consenso in materia di fede e morale. La Chiesa ortodossa riconosce l'autorità e il magistero supremo del Concilio ecumenico, normalmente espresso nel magistero ordinario dei vescovi.

➤ **La predicazione**. È necessario prestare una cura particolare alla predicazione, sia durante sia al di fuori del culto propriamente liturgico. Come dice il santo papa Paolo VI, «in quanto evangelizzatori, noi dobbiamo offrire ai fedeli di Cristo l'immagine non di uomini divisi e separati da litigi che non edificano affatto, ma di persone mature nella fede, capaci di ritrovarsi insieme al di sopra delle tensioni concrete, grazie alla ricerca comune, sincera e disinteressata della verità». Le varie parti dell'anno liturgico offrono occasioni propizie per sviluppare i temi dell'unità cristiana e per stimolare allo studio, alla riflessione e alla preghiera. La predicazione deve preoccuparsi di rivelare il mistero dell'unità della Chiesa e, per quanto è possibile, di promuovere l'unità dei cristiani in modo visibile. Nella predicazione si deve evitare ogni uso improprio della sacra Scrittura.

- **La catechesi**. La catechesi non consiste soltanto nell'insegnare la dottrina, ma nell'iniziare all'intera vita cristiana, con la piena partecipazione ai sacramenti della Chiesa. Questo insegnamento, però, può contribuire anche a formare ad un autentico comportamento ecumenico, come è indicato nell'esortazione apostolica di Giovanni Paolo II *Catechesi tradendae* (nn. 32–33) secondo queste linee direttive:

  a) Innanzi tutto *la catechesi deve esporre con chiarezza, con carità e con la dovuta fermezza tutta la dottrina della Chiesa cattolica, rispettando specialmente l'ordine e la gerarchia delle verità* ed evitando le espressioni e i modi di esporre la dottrina che potrebbero riuscire di ostacolo al dialogo.

  b) Parlando delle altre Chiese e comunità ecclesiali, è importante *presentare correttamente e lealmente il loro insegnamento*. Tra gli elementi dai quali la stessa Chiesa è edificata e vivificata, alcuni, anzi parecchi e di grande valore, possono trovarsi fuori dei confini visibili della Chiesa cattolica. Lo Spirito di Cristo non rifiuta di servirsi di tali comunità come mezzi di salvezza. Fare ciò mette in risalto le verità di fede che le differenti confessioni cristiane hanno in comune. Questo «aiuterà i cattolici, da una parte, ad approfondire la loro fede e, dall'altra, li metterà in condizione di conoscere meglio e stimare gli altri cristiani, facilitando così la ricerca in comune del cammino verso la piena unità, nella verità tutta intera».

  c) La catechesi ha una dimensione ecumenica se suscita e alimenta un vero desiderio dell'unità, e più ancora, se ispira sforzi sinceri, inclusi sforzi di umiltà per purificarsi, al fine di sgomberare gli ostacoli lungo la strada, non attraverso facili omissioni e concessioni sul piano dottrinale, ma in vista dell'unità perfetta, quale la vuole il Signore e con i mezzi che Egli vuole .

d) La catechesi, inoltre, è ecumenica, se si sforza di preparare i fanciulli e i giovani, come pure gli adulti, *a vivere in contatto con altri cristiani, pur formandosi come cattolici e rispettando la fede degli altri.*

e) Ciò si può fare attraverso il discernimento delle possibilità offerte dalla distinzione tra le verità di fede e i loro modi di espressione attraverso il reciproco sforzo di conoscenza e di stima dei valori presenti nelle rispettive tradizioni teologiche; mostrando chiaramente che il dialogo ha creato nuovi rapporti, che, se ben compresi, possono portare alla collaborazione e alla pace .

Nota bene - L'ecumenismo nei catechismi della Chiesa italiana: Il catechismo CEI affronta il problema della divisione dei cristiani a cominciare dal volume *Sarete miei testimoni* destinato ai ragazzi di 11-12 nel capitolo che riguarda la chiesa. Nel testo *Vi ho chiamato amici*, (12-14 anni) quando si descrive il volto della chiesa, il tema è affrontato nella prospettiva positiva del dialogo che impegna anzitutto a condividere ciò che unisce. Nel primo volume destinato ai giovani *Io ho scelto voi* il tema è ripreso in una scheda sul dialogo ecumenico e interreligioso ancora all'interno del capitolo sulla chiesa; in *Venite e vedrete* testo per i 18-25 anni, il tema è affrontato in prospettiva storica. Il volume *La verità vi farà liberi* destinato agli adulti affronta l'argomento quando parla dell'origine della chiesa nel tempo dello Spirito e ammette esplicitamente le responsabilità di tutte le parti coinvolte nelle divisioni segnalando la gravità del perdurare di tale condizione e affronta anche alcune questioni particolari come le attuali espressioni di riconoscimento dei sacramenti e la situazione dei matrimoni misti. Un arricchimento particolare che può unificare tradizione orientale e occidentale è una catechesi fatta per immagini, cioè attraverso le icone. Utile, a questo proposito, il testo della chiesa ortodossa di Francia, *Dio è vivo*, LDC, 1989.

➢ **La liturgia**. Essendo «la prima e indispensabile sorgente dalla quale i fedeli possono attingere uno spirito veramente cristiano», la liturgia dà un importante contributo all'unità di tutti coloro che credono in Cristo; essa è una celebrazione e un fattore di unità; dove è pienamente compresa e dove ognuno vi partecipa pienamente, «contribuisce in sommo grado a che i fedeli esprimano nella loro vita e manifestino agli altri il mistero di Cristo e la genuina natura della vera Chiesa»:

a) Poiché la santa eucaristia è «il mirabile sacramento dal quale l'unità della Chiesa è simboleggiata e prodotta», è molto importante aver cura che sia ben celebrata, affinché i fedeli che vi partecipano, «offrendo la vittima immacolata, non soltanto per le mani del sacerdote, ma insieme con lui, imparino ad offrire se stessi, e di giorno in giorno, per mezzo di Cristo mediatore, siano perfezionati nell'unità con Dio e tra di loro, di modo che Dio sia finalmente tutto in tutti».

b) È bene essere fedeli alla preghiera per l'unità dei cristiani, sia nei momenti in cui la liturgia lo propone — come, per esempio, in occasione di celebrazioni della Parola oppure delle celebrazioni orientali chiamate "Litia" e "Mole–ben" —, sia specialmente durante la Messa — al momento della preghiera universale — oppure durante le litanie dette "Ectenie", sia ancora mediante la celebrazione della Messa votiva per l'unità della Chiesa, con l'aiuto di appositi formulari. Inoltre, è molto utile per la formazione ecumenica estendere le preghiere per l'unità a certe occasioni, come quella della settimana di preghiere per l'unità (18–25 gennaio), o quella della settimana tra l'Ascensione e la Pentecoste, affinché lo Spirito santo confermi la Chiesa nell'unità e nell'apostolicità della sua missione universale di salvezza.

➢ **La vita spirituale**. Nel movimento ecumenico è necessario dare la priorità alla conversione del cuore, alla vita spirituale e al suo rinnovamento. Pertanto ogni cristiano, nella misura in cui vive una vita spirituale autentica, che ha come centro lo stesso Cristo

Salvatore e come fine la gloria di Dio Padre, può sempre e ovunque partecipare in profondità al movimento ecumenico, rendendo testimonianza al Vangelo di Cristo con la propria vita:

a) I cattolici valorizzeranno certi elementi e beni, sorgenti di vita spirituale, che si trovano nelle altre Chiese e comunità ecclesiali e che appartengono all'unica Chiesa di Cristo: sacra Scrittura, sacramenti e altre azioni sacre, fede, speranza, carità e altri doni dello Spirito. Tali beni hanno dato frutti copiosi, ad esempio, nella tradizione mistica dell'Oriente cristiano e nei tesori spirituali della vita monastica, nel culto e nella pietà degli anglicani, nella preghiera evangelica e nelle diverse forme di spiritualità dei protestanti.

b) Tale apprezzamento non deve rimanere puramente teorico; quando le condizioni particolari lo permettono, deve essere completato dalla conoscenza pratica delle altre tradizioni di spiritualità. Conseguentemente, la condivisione della preghiera e un certo tipo di partecipazione al culto pubblico e a forme di devozione degli altri cristiani, in conformità alle norme vigenti, possono avere un valore formativo.

- Una delle iniziative più importanti in ambito spirituale attinente all'ecumenismo è **la Settimana di preghiera per l'unità dei cristiani.** Questa è un'iniziativa ecumenica di preghiera nel quale tutte le confessioni cristiane pregano insieme per il raggiungimento della piena unità. Questa iniziativa è nata in ambito protestante nel 1908 e nel 2008 ha festeggiato il centenario. Dal 1968 il tema e i testi per la preghiera sono elaborati congiuntamente dalla commissione Fede e Costituzione del Consiglio Ecumenico delle Chiese, per protestanti e ortodossi, e dal Pontificio Consiglio per la Promozione dell'Unità dei Cristiani, per i cattolici. La data tradizionale nell'emisfero nord, va dal 18 al 25 gennaio, data proposta nel 1908 da padre Paul Wattson, perché compresa tra la festa della cattedra di san Pietro e quella della conversione di san Paolo; assume quindi un significato simbolico. Nell'emisfero sud, in cui gennaio è periodo di vacanza, le chiese celebrano la Settimana di preghiera in altre date, per esempio nel tempo di Pentecoste (come suggerito dal movimento Fede e Costituzione nel 1926), periodo altrettanto simbolico per l'unità della Chiesa. In realtà, la prima ipotesi di una preghiera per l'unità delle Chiese, antenata dell'odierna Settimana di preghiera, nasce in ambito protestante alla fine del XVIII secolo; e nella seconda metà dell'Ottocento comincia a diffondersi un'Unione di preghiera per l'unità sostenuta sia dalla prima Assemblea dei vescovi anglicani a Lambeth (1867) sia da papa Leone XIII (1894), che invita a inserirla nel contesto della festa di Pentecoste. Agli inizi del Novecento, poi, il Patriarca ecumenico di Costantinopoli Joachim III scrive l'enciclica patriarcale e sinodale *Lettera irenica* (1902), in cui invita a pregare per l'unione dei credenti in Cristo. Sarà infine il reverendo Paul Wattson a proporre definitivamente la celebrazione dell'Ottavario che lo celebra per la prima volta a Graymoor (New York), dal 18 al 25 gennaio, auspicando che divenga pratica comune. Nel 1926 Il movimento Fede e Costituzione dà avvio alla pubblicazione dei *Suggerimenti per l'Ottavario di preghiera per l'unità dei cristiani* (*Suggestions for an Octave of Prayer for Christian Unity*), mentre nel 1935 l'abate Paul Couturier, in Francia, promuove la *Settimana universale di preghiera per l'unità dei cristiani*, basata sulla preghiera per «l'unità voluta da Cristo, con i mezzi voluti da lui». Nel 1958 Il *Centre Oecuménique Unité Chrétienne* di Lione (Francia) inizia la preparazione del materiale per la Settimana di preghiera in collaborazione con la commissione Fede e Costituzione del Consiglio Ecumenico delle Chiese. Attualmente la Settimana si celebra con un tema generale, e a partire da un passo biblico appositamente scelto e da un sussidio elaborato congiuntamente, a partire dal 1968, dalla commissione *Fede e costituzione* del CEC (protestanti e ortodossi) e dal *Pontificio consiglio per la promozione dell'unità dei cristiani* (cattolici), “antenato” del Segretariato per l'unione dei cristiani voluto da Giovanni XXIII.

- **Iniziative caritative e sociali.** La collaborazione ad iniziative caritative e sociali — nelle scuole, negli ospedali, nelle carceri, ecc. — ha un valore formativo comprovato; così come l'attività per la pace nel mondo, o in particolari regioni della terra dove è minacciata, e quella in difesa dei diritti dell'uomo e della libertà religiosa. Tali azioni, ben dirette, possono mostrare l'efficacia dell'applicazione sociale del Vangelo e la forza pratica della sensibilità ecumenica in diversi settori. Una periodica riflessione sui fondamenti cristiani di queste azioni, per verificarne la qualità e la fecondità e per correggerne i difetti, sarà parimenti educativa e costruttiva.

Da questo punto di vista sono tantissime le cose che possono fare insieme i cristiani di varie confessioni. Segnalo solo due iniziative, quanto mai attuale, in cui tanti cristiani di diversa denominazione stanno lavorando insieme. La prima è l'impegno nel far fronte a quella che è una delle emergenze umanitarie più importanti di questo secolo. La Federazione delle chiese evangeliche in Italia (FCEI), insieme alla Tavola Valdese e alla Comunità di Sant'Egidio, promuove il progetto-pilota dei **Corridoi umanitari**, i primi realizzati in Europa. Sono regolati da un Protocollo d'intesa sottoscritto il 15 dicembre 2015 dagli enti promotori e dai Ministeri degli Esteri e dell'Interno per permettere in due anni a 1000 profughi siriani fuggiti in Libano di raggiungere l'Italia in maniera legale e sicura, su un normale volo di linea. Il 7 novembre 2017 viene firmato un progetto analogo per il biennio 2018/19 per altri 1000 profughi. **I corridoi umanitari sono frutto di una collaborazione ecumenica fra protestanti e cattolici che hanno scelto di unire le loro forze per un progetto di alto profilo umanitario indirizzato a profughi in condizioni di vulnerabilità**. Lanciato anche in Francia e Belgio, il progetto è un modello per l'accoglienza in Europa. La base giuridica di questa iniziativa è fornita dall'art. 25 del Regolamento CE 810/2009 che concede ai paesi Schengen la possibilità di rilasciare visti umanitari validi per il proprio territorio. Una volta in Italia i beneficiari hanno la possibilità di avanzare domanda di asilo e vengono supportati durante l'iter legislativo. Tra gli obiettivi del progetto, i più importanti sono evitare i viaggi della morte e le conseguenti tragedie in mare; contrastare il business dei trafficanti di esseri umani e delle organizzazioni criminali; concedere a persone in "condizioni di vulnerabilità" (vittime di persecuzioni, torture e violenze, famiglie con bambini, donne sole, malati, persone con disabilità) un ingresso legale sul territorio; gestire gli ingressi in modo sicuro sul territorio italiano. I corridoi umanitari sono infatti garanzia di sicurezza sia per i migranti sia per chi già risiede in Italia, in quanto il rilascio dei visti è subordinato a controlli di sicurezza da parte del Ministero dell'Interno. Gli enti promotori attraverso le segnalazioni fornite da un network di collaboratori (ONG locali e internazionali, associazioni, Chiese e organismi ecumenici ecc.), stilano una lista di potenziali beneficiari che viene analizzata dagli operatori in loco e trasmessa alle autorità consolari italiane affinché possano rilasciare dei visti umanitari validi per l'Italia. Una volta in Italia i beneficiari sono presi in carico dai promotori del progetto in collaborazione con altri partner tra cui la Commissione sinodale per la diaconia (CSD), la Casa delle Culture-MH di Scicli, il Centro diaconale LA NOCE di Palermo, la Rete dei comuni solidali (RECOSOL), Oxfam Italia che forniscono accoglienza in strutture e appartamenti su tutto il territorio nazionale. I beneficiari sono accompagnati e sostenuti in un percorso di integrazione legale-giuridico, lavorativo, scolastico e sanitario, verso il raggiungimento di una graduale autonomia. L'accoglienza diffusa e partecipata genera solidarietà a livello ecumenico, favorisce l'inclusione sociale e rinvigorisce le comunità locali impegnate nel progetto. I Corridoi Umanitari sono un esempio di **sinergia virtuosa** tra la società civile e le istituzioni. La firma del Protocollo da parte del Ministero dell'Interno e degli Esteri è una forte testimonianza di fiducia accordata dalle istituzioni alla società civile. Il modello dei Corridoi Umanitari ha ricevuto importanti riconoscimenti. Il Presidente della Repubblica, Sergio Mattarella, l'ha definito "un momento di realizzazione concreta dei principi della Costituzione italiana". Il Parlamento europeo ha auspicato l'estensione dell'iniziativa anche ad altri Paesi Membri e Nils Muižnieks, Commissario per i Diritti Umani del Consiglio d'Europa, lo ha ritenuto “un buon esempio di quello che l'Europa può fare per aiutare i migranti e affrontare gli attuali flussi di rifugiati”. Ad oggi Francia e Belgio hanno avviato un' analoga iniziativa. Infine il progetto non pesa in alcun modo sullo Stato: i fondi provengono in larga parte dall’Otto per mille delle chiese valdesi e metodiste, da diverse comunità evangeliche in Italia e all’estero, da reti ecumeniche internazionali e da raccolte fondi come quella lanciata dalla Comunità di Sant’Egidio. All’interno del progetto dei Corridoi Umanitari nasce **Medical Hope**, un’iniziativa di carattere sanitario che fornisce sostegno medico a tutti quei profughi che nei paesi di transito si vedono negati l’accesso alle cure per mancanza di risorse economiche. Medical Hope è sostenuto in larga parte dall'otto per mille dell'Unione cristiana evangelica battista d'Italia ed è indirizzato a tutti coloro che non sono nelle condizioni di affrontare un trasferimento in Italia. La seconda iniziativa è la **giornata per la custodia del creato**, iniziativa voluta dalla Conferenza Episcopale Italiana in sintonia con le altre comunità ecclesiali europee. Questa consiste in una giornata annuale dedicata a riaffermare l'importanza, anche per la fede, dell’ambiente, con tutte le sue implicazioni etniche e sociali. La ricorrenza ufficiale è il 1 settembre, ma alle singole diocesi viene lasciata l'iniziativa di sviluppare attività locali lungo tutto il mese di settembre. In ambito cristiano, lo sviluppo della sensibilità ai temi ambientali, avvenuto nella seconda metà del secolo scorso, si è strettamente intrecciato con i temi della giustizia e della pace e il termine "salvaguardia del creato" è stato usato fin dai primi documenti ufficiali per indicare questa visione unitaria. È l’ecologia integrale di cui parla Papa Francesco. Questa presa di coscienza storicamente è andata crescendo negli stessi anni in cui si affermava la sensibilità ecumenica, ed il tema della salvaguardia del creato è stato uno dei primi punti di accordo nel difficile cammino di riconciliazione tra le diverse confessioni cristiane. Su questo cammino ha svolto e svolge tuttora un ruolo trainante la Chiesa ortodossa. La giornata si celebra il 1° settembre, capodanno ortodosso, su proposta fatta nel 1989 dell'allora patriarca di Costantinopoli Dimitrios I che nell'enciclica indirizzata per l'inizio dell'anno ecclesiastico, scorgeva tutto il pericolo per il deteriorarsi dell'ambiente e avvertiva la responsabilità della Chiesa nei confronti dell'opera di Dio. Non va sottaciuto, in questo ambito, neanche l'impegno dell'attuale patriarca di Costantinopoli, Bartolomeo, definito, a motivo del suo impegno a favore del creato, il "patriarca verde". Su questo tema c'è stato, in ambito cattolico e non solo, un deciso passo in avanti grazie all'enciclica di Papa Francesco, Laudato Sii, prima enciclica di un Papa dedicata interamente all'ambiente e unica lettera enciclica, almeno fin'ora, di questo pontefice. In Italia la Conferenza Episcopale Italiana ha investito dell'impegno sulle tematiche ambientali la Commissione episcopale per i problemi sociali e il lavoro, la giustizia e la pace, e la Commissione episcopale per l'ecumenismo e il dialogo, e dal 1 settembre 2006 ha deciso la celebrazione annuale di una "Giornata per la salvaguardia del creato". Ogni anno le due commissioni episcopali congiunte indicano il tema specifico della giornata, rivolgono un apposito messaggio e offrono sussidi per l'approfondimento e la celebrazione. Dal 2013 la CEI ha deciso di modificare la traduzione del termine inglese integrity (fr. integritè) da salvaguardia a custodia e la giornata in ambito cattolico si chiama ora "Giornata per la custodia del creato". Durante la giornata si tengono a livello locale momenti di preghiera o di approfondimento o di festa. La celebrazione di questa giornata è una delle iniziative ecumeniche più diffuse oggi in Italia, insieme con la Settimana di preghiera per l'unità dei cristiani. In molte realtà il coinvolgimento non è limitato alle chiese e alle rispettive associazioni laicali di indirizzo ambientale: spesso sono coinvolte anche autorità civili, forze di polizia, in primo luogo il Corpo Forestale dello Stato, e associazioni ambientaliste di ispirazione laica.

11.2. Pastorale giovanile ed ecumenismo

Parlare di una pastorale giovanile al servizio del cammino ecumenico oggi è davvero una grande sfida, ma che risponde all'esigenza del Vangelo e al grande sogno di Gesù, che tutti siano una cosa sola.

Se è vero che oggi il giovane vive una dimensione esistenziale frantumata, è anche vero che è più disponibile rispetto all'adulto a porsi in umiltà e a farsi educare dalla verità. Mentre l'adulto nella ricerca spesso si difende, il giovane è più disposto ad accogliere la verità.

Inoltre parlare e lavorare per un progetto di pastorale ecumenica giovanile è quanto mai vitale oggi in cui, ormai, in ogni diocesi e parrocchie vi sono centinaia di giovani che viaggiano e vivono nell' Europa riformata o ortodossa per studio o lavoro e vi sono centinaia di giovani di varie confessioni cristiane che vivono tra noi cattolici e che, faticosamente, si stanno integrando nelle nostre città.

I giovani sono o dovrebbero diventare i protagonisti del cammino ecumenico. Deve nascere una nuova generazione ecumenica. Essi, infatti, appartengono ad una generazione non più condizionata dalle ideologie, forse più disorientata, ma più libera e più aperta alla quale dobbiamo affidare il testimone dell'ecumenismo. Il dialogo ecumenico è una priorità assoluta per le generazioni che guardano all'Europa.

Il documento finale del sinodo dei giovani su *I giovani, la fede e il discernimento vocazionale* al n. 156, dedicato al rapporto tra giovani ed ecumenismo, si esprime nel modo seguente:

> ***156.*** *Per quanto riguarda il cammino di riconciliazione tra tutti i cristiani, il Sinodo è riconoscente per il desiderio di molti giovani di far crescere l'unità tra le comunità cristiane separate. Impegnandosi in questa linea, assai spesso i giovani approfondiscono le radici della propria fede e sperimentano una reale apertura verso quanto gli altri possono donare. Intuiscono che Cristo già ci unisce, anche se alcune differenze permangono. Come ha affermato papa Francesco in occasione della visita al Patriarca Bartolomeo nel 2014, sono i giovani «che oggi ci sollecitano a fare passi in avanti verso la piena comunione. E ciò non perché essi ignorino il significato delle differenze che ancora ci*

separano, ma perché sanno vedere oltre, sono capaci di cogliere l'essenziale che già ci unisce» (FRANCESCO, Intervento in occasione della Divina Liturgia, Chiesa Patriarcale di San Giorgio, Istanbul, 30 novembre 2014).

In realtà l'apertura dei giovani al dialogo è evidente anche sul versante del pluralismo culturale e religioso in cui abitano:

> ***155.** Il pluralismo culturale e religioso è una realtà crescente nella vita sociale dei giovani. I giovani cristiani offrono una bella testimonianza del Vangelo quando vivono la loro fede in un modo che trasforma la loro vita e le loro azioni quotidiane. Sono chiamati ad aprirsi ai giovani di altre tradizioni religiose e spirituali, a mantenere con loro rapporti autentici che favoriscano la conoscenza reciproca e guariscano dai pregiudizi e dagli stereotipi. Essi sono così i pionieri di una nuova forma di dialogo interreligioso e interculturale, che contribuisce a liberare le nostre società dall'esclusione, dall'estremismo, dal fondamentalismo e anche dalla manipolazione della religione a fini settari o populisti. Testimoni del Vangelo, questi giovani con i loro coetanei diventano promotori di una cittadinanza inclusiva della diversità e di un impegno religioso socialmente responsabile e costruttivo del legame sociale e della pace.*
>
> *Recentemente, proprio su proposta dei giovani, sono state lanciate iniziative per offrire l'opportunità di sperimentare la convivenza tra appartenenti a religioni e culture diverse, perché tutti in un clima di convivialità e nel rispetto delle rispettive fedi siano attori di un impegno comune e condiviso nella società.*

Per coinvolgere i giovani in questo processo è necessaria una buona formazione, uno scambio costante di informazioni, aiutarli a guarire le ferite e ad aprire piste crescenti di collaborazione.

Sono tre gli elementi sui quali deve lavorare una pastorale giovanile al servizio dell'unità:

- **La Parola**. Lo sforzo pastorale dovrebbe essere quello di accompagnare il giovane a prendere confidenza con la Parola, aiutarlo a cogliere il significato e soprattutto scoprire nuovi sensi per la propria vita. Se il giovane acquista familiarità con la Parola di Dio succederà che si identificherà con la Parola. E se la Parola è sorgente di unità, il giovane sarebbe educato continuamente ad un'accoglienza incondizionata dell'Altro, perché in costui riconoscerebbe il volto del suo Dio. La parola di Dio ha il potere di insegnare a tutti i giovani la capacità del consegnarsi con un amore incondizionato. Questa è la base per un autentico cammino ecumenico: non si tratta di convincere l'altro della propria verità, ma del consegnarsi reciprocamente all'unica Verità che è Cristo. I giovani di tutte le Chiese, che hanno fatto un'esperienza autentica dell'incontro con la Parola di Dio sono più disponibili a perdere qualcosa di sé per accogliere qualcosa dell'altro. La scoperta della Parola aiuta a riconoscere nella diversità una ricchezza: pensiamo all'esperienza dei tanti giovani che ogni anno vanno a Taizé, o a Bose o dei Focolari e di alcuni movimenti, in cui la diversità delle varie confessioni di fede diventa una ricchezza spirituale enorme. In molti giovani di diverse confessioni la scoperta della parola aiuta a decifrare e a riconoscere nella diversità la stessa presenza di Cristo che dice che dove due o più sono riuniti nel suo nome Lui è in mezzo a loro. Qui Cristo non fa nessuna argomentazione teologica o ecclesiologica, ma invita ad essere nel suo Nome.

- **La strada**. Essa indica non solo la vita quotidiana del giovane illuminata dalla Parola, ma anche la fatica nel cercare di riconoscere la Verità. Qui emerge l'importanza di educare il giovane ad accettare il senso del limite e della fatica nel fare dei passi importanti. Il cammino dell'unità, non è un'utopia ma un sogno: i giovani stanno realizzando nel mondo un frammento di questo grande sogno. Il cammino della comunione esige però una ricerca faticosa: i giovani sono disposti a farla questa fatica, a condividere le diverse esperienze, ad avere il coraggio di dare un volto pubblico ai pregiudizi e barriere che si ritrovano dentro di loro. Solo riconoscendoli tali ostacoli possono essere superati. I giovani sono più disposti a vivere tutto ciò.

- **Comunità**. Lo sforzo che a mio avviso dovrebbero assumere tutte le diverse Chiese Cristiane è quello di aiutare i giovani a fare una vera autentica esperienza di comunità. L'unica Chiesa di Cristo, quella proprio che Cristo ha sognato, deve essere come una sorgente, ad immagine del suo Signore; capace di dare vita. Nella celebrazione eucaristica la presenza vera di Gesù non solo crea e consolida la comunità, ma dà il coraggio di percorrere strade nuove che permettano alla Chiesa di Cristo di non essere chiusa in se stessa ma di spezzarsi per la vita di tutti. Come educare i giovani cattolici alla celebrazione dell'Eucaristia? Interiorizzare il senso profondo di questo grande mistero aiuterebbe i giovani a diventare segno forte di unità prima di tutto a partire dalla comunità dove vivono, per poi essere capaci di partire per realizzare insieme a tutti i giovani riscaldati dal fuoco dell'amore dello Spirito, il sogno di Cristo: che tutti siano una cosa sola.

11.3. Gli ambiti più adatti alla formazione

Gli ambiti più adatti alla formazione sono:

- **La famiglia**, chiamata dal concilio Vaticano II «Chiesa domestica», è il primo ambiente in cui quotidianamente si costruisce o si indebolisce l'unità, mediante l'incontro di persone, per molti aspetti diverse, che però si accettano in una comunione d'amore; è nella famiglia che si deve aver cura di non alimentare pregiudizi, ma, al contrario, di ricercare in tutto la verità:

  a) La consapevolezza della propria identità cristiana e della propria missione dispone la famiglia ad essere anche una comunità per gli altri, aperta non soltanto nei confronti della Chiesa, ma pure nei confronti della società umana, disposta al dialogo e all'impegno sociale. Come la Chiesa, la famiglia deve essere uno spazio in cui il Vangelo è trasmesso e da cui esso si irradia; e infatti la costituzione conciliare *Lumen gentium* afferma che, nella Chiesa domestica, «i genitori devono essere per i loro figli, con la parola e con l'esempio, i primi annunciatori del Vangelo».

b) Le famiglie sorte da un matrimonio misto hanno il dovere di sforzarsi di annunziare Cristo secondo tutte le esigenze del battesimo che i loro membri hanno in comune; inoltre, hanno il non facile compito di rendersi esse stesse artefici di unità. «Il comune battesimo e il dinamismo della grazia forniscono agli sposi, in questo matrimonio, la base e la motivazione per esprimere la loro unità nella sfera dei valori morali e spirituali». A questo riguardo è utile rileggere il n. 247 dell'Esortazione Apostolica postsinodale *Amoris Laetitia:*

247. *«Le problematiche relative ai matrimoni misti richiedono una specifica attenzione. I matrimoni tra cattolici e altri battezzati "presentano, pur nella loro particolare fisionomia, numerosi elementi che è bene valorizzare e sviluppare, sia per il loro intrinseco valore, sia per l'apporto che possono dare al movimento ecumenico". A tal fine "va ricercata [...] una cordiale collaborazione tra il ministro cattolico e quello non cattolico, fin dal tempo della preparazione al matrimonio e delle nozze" (Familiaris consortio, 78). Circa la condivisione eucaristica si ricorda che "la decisione di ammettere o no la parte non cattolica del matrimonio alla comunione eucaristica va presa in conformità alle norme generali esistenti in materia, tanto per i cristiani orientali quanto per gli altri cristiani e tenendo conto di questa situazione particolare, che cioè ricevono il sacramento del matrimonio cristiano due cristiani battezzati. Sebbene gli sposi di un matrimonio misto abbiano in comune i sacramenti del battesimo e del matrimonio, la condivisione dell'Eucaristia non può essere che eccezionale e, in ogni caso, vanno osservate le disposizioni indicate" (Pont. Consiglio per la Promozione dell'Unità dei Cristiani, Direttorio per l'Applicazione dei Principi e delle Norme sull'Ecumenismo, 25 marzo 1993, 159-160)»*

- **La parrocchia**, Se la missionarietà è il fine di tutta la vita della parrocchia, la ricerca di riconciliazione e di unità ne è l'anima e lo stile. Solo se le parrocchie si aprono all'ecumenismo con le altre chiese sorelle e comunità cristiane, potranno aprire al loro interno una autentica e matura spiritualità di riconciliazione e di comunione. In realtà andrebbe **rivista e ripensata l'intera attività pastorale in chiave ecumenica.** L'ecumenismo è al cuore della Chiesa, fa parte del suo DNA (Credo la Chiesa una ...) ed è trasversale ad ogni attività parrocchiale: catechesi, pastorale giovanile, oratorio, pastorale familiare, Caritas etc. Ormai il mondo è interconfessionale (... anche pluralista e multietnico ...) e non ci si può più accontentare di una pastorale tradizionale, di conservazione di un mondo, il "nostro", che per convenzione, e a volte anche per pigrizia, continuiamo a chiamare cattolico. Va trasformata allora la dimensione ecumenica in priorità pastorale che abbraccia tutta la vita della parrocchia.

Una parrocchia che si nutre e si lascia plasmare dalla Scrittura non può che riscoprire i legami profondi tra cristiani che credono nella stessa Parola di Dio. Così il digiuno eucaristico che i cristiani divisi rispettano, rimanda con passione ed insistente preghiera al giorno benedetto in cui tutti i credenti in Cristo possano comunicare alla stessa mensa del Signore. La parrocchia, in quanto unità ecclesiale radunata attorno all'Eucaristia, deve essere e proclamarsi luogo dell'autentica testimonianza ecumenica. La centralità della Eucaristia, se presa sul serio, non può che spingere ad una appassionata ricerca di unità tra i cristiani, fino a che tutti possiamo partecipare alla stessa mensa del Signore, nell'attesa di vedere il suo volto, tutti insieme, nella comunione dei santi.

Anche la collaborazione e corresponsabilità pastorale (unità pastorali, ministeri laicali, fraternità apostoliche, missionari laici) è possibile in una accettazione vera della diversità dei carismi: un dono unico che ci rende liberi e diversi, che ci mette in relazione vera con gli altri nella nostra diversità. Uno dei grandi doveri della parrocchia è, pertanto, quello di coltivare nei suoi membri lo spirito ecumenico. Ciò esige una diligente attenzione ai contenuti e alle forme della predicazione, in particolare dell'omelia, come pure della catechesi. Inoltre, richiede un programma pastorale e ciò suppone che qualcuno sia incaricato dell'animazione e del coordinamento ecumenico, operando in stretta collaborazione con il parroco; costui si incaricherà eventualmente anche delle varie forme di collaborazione con le corrispondenti parrocchie degli altri cristiani. Infine, è necessario che la parrocchia non sia lacerata da polemiche interne, da polarizzazioni ideologiche o da reciproche accuse tra cristiani, ma ognuno, secondo il proprio spirito e la propria vocazione, si faccia servo della verità nell'amore.

- **La scuola**, di ogni ordine e grado, deve dare una dimensione ecumenica all'insegnamento religioso in essa impartito e, secondo la propria peculiarità, tendere alla formazione del cuore e dell'intelligenza ai valori umani e religiosi, educando al dialogo, alla pace, alle relazioni interpersonali:

  a) Lo spirito di carità, di rispetto e di dialogo esige che si mettano al bando i pregiudizi e le parole che danno un'immagine falsa degli altri fratelli cristiani. Ciò vale soprattutto per le scuole cattoliche, nelle quali i giovani devono crescere nella fede, nella preghiera e nella decisione di mettere in pratica il Vangelo cristiano dell'unità. Si avrà cura di insegnare loro l'ecumenismo autentico, seguendo la dottrina della Chiesa cattolica.

  b) Quando è possibile, in collaborazione con gli altri insegnanti, non si mancherà di presentare le varie materie, come, per esempio, la storia e l'arte, in modo da sottolineare i problemi ecumenici in uno spirito di dialogo e di unità. A tal fine, è auspicabile anche che i docenti abbiano una corretta e adeguata conoscenza delle origini, della storia e delle dottrine delle altre Chiese e comunità ecclesiali, soprattutto di quelle che sono presenti sullo stesso territorio.

- **I gruppi, le associazioni e i movimenti ecclesiali**. La vita cristiana, e in modo speciale la vita delle Chiese particolari, nel corso della storia si è arricchita di una varietà di espressioni, di progetti, di spiritualità conformi ai carismi donati dallo Spirito per l'edificazione della Chiesa, in cui si manifesta una netta distinzione di compiti al servizio della comunità. Coloro che fanno parte di questi gruppi, movimenti e associazioni devono essere animati da un forte spirito ecumenico. Per vivere il loro impegno battesimale nel mondo, ricercando sia l'unità cattolica attraverso il dialogo e la comunione tra i diversi movimenti e le diverse associazioni sia una comunione più vasta con altre Chiese e comunità ecclesiali e con i movimenti e i gruppi che ad esse si ispirano, è necessario che i loro sforzi siano fondati su una solida formazione e siano illuminati dalla saggezza e dalla prudenza cristiane.

11.4. Formazione permanente

La formazione dottrinale e pratica non si limita al periodo di formazione, ma esige dai ministri ordinati e dagli operatori pastorali un continuo aggiornamento, dato che il movimento ecumenico è in evoluzione. Ecco alcune indicazioni:

a) I sacerdoti, i diaconi, i religiosi, le religiose e i laici siano informati sullo stato attuale del movimento ecumenico, così da poter inserire la dimensione ecumenica nella predicazione, nella catechesi, nella preghiera e nella vita cristiana in generale. Se lo si ritiene possibile e opportuno, sarebbe bene qualche volta invitare un ministro di un'altra Chiesa a parlare della propria tradizione o anche di problemi pastorali che, spesso, sono comuni a tutti.

b) Là dove si presenta l'occasione e con il consenso del Vescovo della diocesi, il clero cattolico e coloro che nella diocesi si occupano di pastorale potranno partecipare a riunioni interconfessionali allo scopo di migliorare le relazioni reciproche e di risolvere, con il contributo di tutti, problemi pastorali comuni.

c) Le facoltà di teologia, gli istituti di studi superiori, i seminari e altri istituti di formazione possono dare un grande contributo alla formazione permanente organizzando corsi di studi per coloro che operano nel ministero pastorale e offrendo la loro collaborazione.

d) Sono di grande utilità i seguenti mezzi: una informazione oggettiva attraverso gli strumenti di comunicazione sociale della Chiesa locale e, possibilmente, attraverso quelli dello Stato; uno scambio di informazione con i servizi degli strumenti di comunicazione sociale delle altre Chiese e comunità ecclesiali; rapporti sistematici e permanenti con la commissione ecumenica diocesana o con quella nazionale, in modo da dare a tutti i cattolici impegnati nella pastorale una documentazione precisa sugli sviluppi del movimento ecumenico.

e) È opportuno, poi, approfittare delle diverse forme di incontri spirituali per approfondire gli elementi di spiritualità comuni e specifici.

f) Infine, è auspicabile che periodicamente si faccia una valutazione dell'attività ecumenica.

Capitolo 12

I Sacramenti

Per le Chiese ortodosse, le Chiese orientali e la Chiesa cattolica, i Sacramenti sono un punto di comunione nella fede ma non nella pratica. Tutte ammettono e celebrano i sette sacramenti: crismazione, eucaristia, penitenza o confessione, ordine, matrimonio, unzione dei malati. Gli ortodossi definiscono i sacramenti 'Misteri'. Essi rappresentano il punto di incontro tra la Grazia divina, invisibile e intangibile, e i 'segni' visibili e reali preposti a renderla accessibile ai fedeli. Ogni Chiesa ha le sue modalità proprie nel celebrare i divini misteri ma questa diversità non ostacola la fede comune e non costituisce di per sé un motivo di divisione. Nel campo della pastorale alcune Chiese hanno firmato un accordo circa il reciproco riconoscimento di alcuni sacramenti e la possibilità dei fedeli delle rispettive comunità di poter partecipare legittimamente e validamente ad alcuni sacramenti celebrati da un'altra comunità cristiana, nei casi di necessità.

Le chiese protestanti in genere, anche se non tutte, riconoscono solo i sacramenti istituiti direttamente da Gesù, ovvero il battesimo e la Santa Cena. Alcune comunità come gli anglicani e i luterani distinguono tra sacramenti propriamente detti, cioè quelli istituiti direttamente da Gesù (Battesimo e Santa cena), che ha direttamente comandato e per i quali ha indicato la materia (acqua, pane e vino) e a assicurato in essi la sua Grazia, e sacramenti secondari, cioè riti e pratiche ecclesiastiche quali la confermazione, la penitenza, l'unzione degli infermi, l'ordine e il matrimonio. Questi sono riti lodevoli, benedetti e amministrati nella comunità ecclesiale ma che non hanno l'efficacia specifica dei due sacramenti istituiti da Gesù.

12.1. Il Battesimo

Per quanto riguarda il battesimo va detto che è un sacramento riconosciuto da tutte le confessioni cristiane. Tutti i cristiani oramai, a prescindere dalla confessione di appartenenza, si riconoscono nella validità dello stesso battesimo. Di particolare rilevanza vi sono due documenti che andrebbero conosciuti: con gli Ortodossi il documento "Fede, sacramenti e unità della Chiesa" (Bari, Italia, 16/06/87); con le Chiese della Riforma il documento "Battesimo, eucaristia, ministero" (Lima, Perù, 16/02/82).

12.1.1 Chiese orientali

Convergenze:

- In ambito *dottrinale*: l'unità nella fede implica l'unità nei sacramenti. Il senso teologico del battesimo in quanto partecipazione alla pasqua di Cristo, per il perdono dei peccati, ricezione dello Spirito, incorporazione alla Chiesa e nuova vita. La percezione che l'iniziazione cristiana costituisce un'unità e una totalità il cui punto d'avvio è il battesimo, che continua nella confermazione in quanto ricezione dello Spirito e culmina nell'Eucaristia.
- Tutto ciò si riflette a livello *pastorale,* poiché con l'occidente esiste una grande unità a livello *liturgico* e nella successiva maturazione attraverso un accompagnamento catechetico e mistagogico.

Divergenze:

- In ambito *dottrinale:* rispetto agli occidentali, l'oriente insiste di più sia sul dono dello Spirito, sia sull'unità dei riti; gli occidentali sottolineano invece maggiormente la comunione ecclesiale grazie alla presenza del vescovo, soprattutto nella confermazione, che, secondo gli orientali, può essere amministrata anche da un presbitero.

➢ A livello *pastorale*: in oriente la preparazione al battesimo e al catecumenato è meno intensa e non vengono ammesse motivazioni pastorali per modificare la successione dei sacramenti, per anticipare cioè l'eucaristia rispetto alla confermazione.

➢ In ambito *liturgico:* in oriente è normale l'immersione, mentre in occidente si preferisce l'infusione.

12.1.2. Comunità nate dalla Riforma

Convergenze:

➢ in ambito *dottrinale:* nel battesimo, istituito da Cristo come partecipazione alla sua pasqua, per la conversione e il perdono dei peccati, riceviamo il dono di Dio mediante il suo Spirito e siamo incorporati al Corpo di Cristo. Parimenti, il battesimo-iniziazione suppone un dono gratuito di Dio e un personale atto di fede: la fede è la stessa della comunità e, tranne che per i battisti, l'atto di fede può precedere oppure seguire il battesimo. È stato raggiunto un accordo persino sullo spinoso tema della *giustificazione* mediante il battesimo come una nuova vita che è chiamata a crescere e a svilupparsi in permanenza.

➢ A livello *pastorale:* viene ammesso il battesimo sia dei bambini che degli adulti, e si accetta inoltre di differire i sacramenti dell'iniziazione o di modificarne l'ordine.

➢ In ambito *liturgico*: c'è accordo sulla centralità della celebrazione.

Divergenze:

➢ a livello *dottrinale:* la negazione della sacramentalità della confermazione. Perciò, in queste Chiese esiste una divergenza sul momento in cui viene conferito lo Spirito: mediante il battesimo, mediante l'imposizione delle mani oppure nell'insieme dei tre sacramenti. Ci sono inoltre divergenze sulla relazione tra la fede e il battesimo sul fatto se la fede viene ricevuta con il battesimo oppure si debba supporre che invece è presente nella comunità, la quale si impegna a educare il neofita alla fede.

- In ambito *pastorale:* la Chiesa cattolica attribuisce uno spazio maggiore al battesimo dei bambini e al posto riservato alla Parola o al rito nel processo di preparazione ai vari momenti sacramentali.
- In ambito *liturgico:* il rituale protestante è più austero, il che non costituisce un ostacolo all'unità.

12.2. Eucarestia

Varie Chiese quali le Chiese orientali, la Chiesa cattolica, l'anglicana tradizionale e la luterana credono nella presenza reale di Gesù nell'eucarestia, invece la maggior parte delle comunità protestanti affermano una presenza spirituale, simbolica e vivificante di Gesù nell'eucarestia e che l'eucarestia è un memoriale o ricordo della cena di Gesù. Anche per i nomi della celebrazione eucaristica le varie Chiese si esprimono con diversi termini: divina liturgia, eucarestia, santa cena. È abbastanza frequente e praticata dalle comunità riformate l'ospitalità eucaristica o intercomunione per cui i fedeli di due differenti comunità ecclesiali possono ricevere la comunione e i ministri possono concelebrare la Santa cena del Signore.

12.2.1 L'intercomunione in prospettiva cattolica

Con il termine «intercomunione» s'intende la *reciproca* possibilità che hanno i fedeli di due differenti Chiese o Comunità ecclesiali di ricevere la Santa Comunione o la Santa Cena del Signore.

Secondo la prospettiva cattolica la comunione eucaristica e la comunione ecclesiale non possono essere separate perché sono correlate l'una all'altra (*1Cor* 10,16): «Senza comunione eucaristica non c'è piena comunione ecclesiale, senza comunione ecclesiale non c'è vera comunione eucaristica» (Commissione Congiunta romano-cattolica e evangelico-luterana, *L'eucarestia*, n. 26). Inoltre la Chiesa come mistero *pre*cede la Chiesa come *congregatio fidelium.* «Il Corpo di Cristo è un dato di fatto, non il prodotto della comunità» (E. Schweitzer, in *ThWNT*, VII, 1067-69). La comunione ecclesiale è fondata, sarà utile ricordarcelo, a livello ontologico nella comunione trinitaria (UR 2) e a livello fenomenico nella tradizione apostolica (dottrina e successione apostolica): *At* 2,42; Lettera di Ignazio d'Antiochia agli Smirnesi, VIII,2.

Va altresì affermato che se l'annuncio del Vangelo è *per tutti*, L'offerta del sacramento è invece *per pochi.* Presuppone la distinzione che il Vangelo istituisce tra credente e non-credente. Il battesimo introduce nel Corpo di Cristo attraverso il perdono dei peccati (giustificazione) e l'eucarestia fa crescere e porta a compimento l'incorporazione. L'eucarestia non solo esprime l'unità della Chiesa ma la produce (CIC 897), ma la produce in modo differente dal battesimo. Bisogna aver chiaro, cioè, l'intima relazione e distinzione che vi è tra Parola e sacramento; e nel sacramento tra battesimo ed eucarestia (UR 22).

Chiediamoci che cos'è l'Eucarestia?

L'eucarestia è:

- *memoria*: ripresentazione all'evento fondatore;
- *espressione*: dell'unità visibile della Chiesa, nel senso ontologico, cioè della pienezza dei mezzi di salvezza;
- *Promessa*: della realizzazione fenomenica dell'unità visibile, l'eucarestia produce la piena unità visibile della Chiesa (UR 3-4).

Da tutto ciò deriva una conseguenza:

Se la Chiesa di Cristo è tale per la pienezza di tutti i mezzi della salvezza, Sacra Scrittura, sacramenti, ministero, è possibile l'intercomunione solo dove è presente la pienezza di questa ecclesialità. La questione del *defectus ordinis* nelle Comunità ecclesiali nate dalla Riforma impedisce la reciprocità nell'ammettere alla mensa eucaristica. Se sussiste un intimo nesso tra chiesa ed eucaristia, solo a determinate condizioni può il singolo credente, cattolico o non-cattolico, ricevere la comunione in un'altra Chiesa.

Questo perché la comunione sacramentale non è mai un atto solo individuale, in cui si esprime singolarmente la propria comunione con Gesù Cristo, ma è sempre un azione comunitaria che esprime la comunione di fede e di vita con la propria Chiesa, cioè con quella Chiesa particolare e concreta, confessionale, in cui ci si è inseriti col battesimo.

I due principi che guidano il discernimento nell'intercomunione sono così enunciati in UR 7:

«La significazione dell'unità per lo più vieta la comunicazione. La necessità di partecipare la grazia talvolta la raccomanda».

Poiché alla Chiesa cattolica è stata donata la pienezza di tutti i mezzi di salvezza, coloro che appartengono a Comunità ecclesiali che non godono di questa pienezza possono ricevere la comunione a precise condizioni: necessità, condivisione della fede e dottrina eucaristica, comprensione dell'intimo nesso tra eucarestia e unità della Chiesa. Non è consentito, invece, che un cattolico possa ricevere validamente la Santa Cena *qua sacramentum.* Ciò non esclude che il cattolico riceva la Santa Cena *qua res sacramenti.*

Come ricorda il Decreto sull'Ecumenismo al n. 3 ogni Chiesa e Comunità ecclesiale produce senza dubbio realmente la vita della grazia e comunica la salvezza. Le loro azioni liturgiche, in particolare quelle sacramentali, sono di per sé salvifiche. Nella Santa Cena (cf UR 22) si fa memoria della morte e resurrezione di Gesù Cristo ed è significata la vita. Sebbene la mancanza dell'ordine (*defectus ordinis*) rende invalido il sacramento dell'eucarestia, tuttavia i fedeli non sono privati di tutti i frutti della grazia eucaristica (*res sacramenti*) che si comunicano in tale celebrazione: non *per sacramentum* ma *per gratiam sacramenti.*

Se da un lato il gesto che un singolo compie nel ricevere la comunione da un ministro di un'altra Chiesa o Comunità ecclesiale rischia di minimizzare la gravità della divisione che sussiste tra le Chiese e di mettere in dubbio l'intimo nesso tra comunione ecclesiale e comunione eucaristica, da un altro lato la possibilità riconosciuta dalla Chiesa cattolica che sia concessa ospitalità eucaristica ai singoli in casi di necessità, fisica e spirituale, manifesta, grazie al legame ontologico tra singolo e comunione ecclesiale, che il *sacrum commercium* della grazia eucaristica è già una realtà presente che attende di essere creduta e confessata da Chiese riconciliate tra di loro.

12.2.2 Il caso dei Vescovi tedeschi e … "il mito di un Papa *liberal* non attento alla dottrina"

lo scorso 20 febbraio, 2018, in Germania, con l'approvazione della maggioranza dei vescovi tedeschi, si è andato elaborando un «manuale pastorale» che apriva alla possibilità dell'intercomunione per coniugi luterani in matrimoni misti. Un mese dopo sette vescovi, contrari a questa proposta, avevano scritto alla Santa Sede chiedendo un pronunciamento ufficiale su una questione che non poteva essere considerata solo di natura pastorale.

Il 3 maggio, convocati da Francesco, si erano incontrati in Vaticano rappresentanti della Conferenza episcopale tedesca in disaccordo fra loro e responsabili dei dicasteri per la Dottrina della fede e l'Ecumenismo. In questo incontro il Papa aveva espresso la richiesta di «trovare, in spirito di comunione ecclesiale, un risultato possibilmente unanime».

Il 25 maggio, in una lettera indirizzata al presidente della Conferenza episcopale tedesca, il cardinale Reinhard Marx arcivescovo di Monaco e Frisinga, e ad altri presuli della medesima Conferenza, l'arcivescovo Luis Ladaria, prefetto della Congregazione per la dottrina della fede, ha risposto che il discusso documento approntato dai vescovi della Germania sulla possibilità per i coniugi protestanti in matrimoni interconfessionali di ricevere l'Eucaristia «non è maturo per essere pubblicato». Un giudizio che, ha affermato Mons. Ladaria, ha «l'esplicito consenso del Papa». Nella sua lettera Ladaria non fa altro che manifestare la volontà di Papa Francesco.

Tre sono i «motivi essenziali» per cui il documento dei vescovi tedeschi non può essere pubblicato:

- «La questione dell'ammissione alla Comunione di cristiani evangelici in matrimoni interconfessionali è un tema che tocca la fede della Chiesa e ha una rilevanza per la Chiesa universale»;
- «Tale questione ha degli effetti sui rapporti ecumenici con altre Chiese e altre comunità ecclesiali, che non sono da sottovalutare »;
- «Il tema riguarda il diritto della Chiesa, soprattutto l'interpretazione del canone 844 del Codice di diritto canonico. Poiché in alcuni settori della Chiesa ci sono a questo riguardo delle questioni aperte, i competenti dicasteri della Santa Sede sono già stati incaricati di produrre una tempestiva chiarificazione di tali questioni a livello di Chiesa universale. In particolare appare opportuno lasciare al vescovo diocesano il giudizio sull'esistenza di una "grave necessità incombente" ». Il numero 844 del Codice di diritto canonico, al paragrafo 4, stabilisce che «se vi sia pericolo di morte o qualora, a giudizio del vescovo diocesano o della Conferenza episcopale, urgesse altra grave necessità, i ministri cattolici amministrano lecitamente i medesimi sacramenti anche agli altri cristiani che non hanno piena comunione con la Chiesa cattolica, i quali non possano accedere al ministro della propria comunità e li chiedano spontaneamente, purché manifestino, circa questi sacramenti, la fede cattolica e siano ben disposti».

Questi motivi ci rivelano un pontefice che è perfettamente consapevole dell'importanza della questione, la quale non può venir affrontata con superficialità e semplicistiche prese di posizione … l'Eucarestia sta al cuore della Chiesa, è sua fonte e culmine. Un compromettere o un banalizzare la fede nell'Eucarestia significherebbe compromettere e banalizzare la fede della Chiesa. In queste motivazioni Papa Francesco dimostra una capacità di saper valutare la questione da molteplici punti di vista, ecclesiologico, canonistico ed ecumenico, tenendo conto delle reazioni che certe scelte possono avere sulle altre Chiese cristiane.

12.3 Matrimoni Interconfessionali

Un matrimonio è interconfessionale quando coinvolge le due diverse comunità cristiane di appartenenza dei fidanzati, rispettandone le regole, superando reciproche chiusure e pregiudizi e favorendone lo scambio di doni spirituali. La prima sfida è quella di mettere d'accordo tradizioni e regole spesso alternative, dovute a visioni diverse del matrimonio. Ma solo conoscendo le reciproche concezioni del matrimonio cristiano è possibile comprendere e rispettare le regole di comportamento di ciascuna confessione cristiana.

12.3.1 Visione e regole del Matrimonio nelle Chiese ortodosse

Le chiese ortodosse distinguono nel matrimonio cristiano due elementi costitutivi:

- l'elemento umano costituito dal consenso pubblico tra gli sposi, detto sponsale e caratterizzato dallo scambio degli anelli;

- l'elemento divino costituito dal sacramento del matrimonio inteso come benedizione del vescovo o del prete sugli sposi e caratterizzato da notevoli gesti simbolici. Il parroco unisce le destre degli sposi, poi fa una triplice incoronazione sul loro capo, porge per tre volte una coppa di vino benedetto (ma non eucaristico) a ciascun sposo e fa con gli sposi una triplice processione attorno all'altare ("danza di Isaia", cioè lo stesso gesto dell'ordinazione sacerdotale e della tonsura monacale).

Il consenso pubblico è necessario al matrimonio come la persona umana di Cristo è necessaria per l'incarnazione del Verbo divino. Ma quest'ultima si compie solo mediante il dono del Figlio di Dio che si fa uomo per amore. Così nel matrimonio è la benedizione nel nome di Gesù Cristo che restituisce alla volontà della coppia, compromessa dal peccato originale, la dignità e la forza dell'amore paradisiaco della prima coppia creata.

In tal modo la celebrazione della sola parte umana del matrimonio, ad esempio davanti all'ufficiale civile oppure al ministro di altra chiesa cristiana, comporta il dovere morale di accedere alla parte divina, ma non comporta nel frattempo l' esclusione dall'eucarestia, come accade nella chiesa cattolica. Di conseguenza il matrimonio interconfessionale con partner cattolico e celebrato con rito cattolico è ritenuto valido, ma incompleto e non ancora sacramentale. Infatti è vero che in tale rito è presente una benedizione, ma è anche vero che per la teologia cattolica i ministri del sacramento sono ritenuti gli sposi e non i preti celebranti, come nel caso dell'Ortodossia. A questo punto può essere conveniente che il partner cattolico accetti il rito ortodosso, visto che è riconosciuto sacramento da ambedue le chiese. E' da respingere invece una doppia celebrazione cattolica e poi ortodossa. Per le chiese ortodosse infine il matrimonio può essere sacramento solo tra due battezzati ed è sconsigliato con un fedele delle chiese protestanti, dal momento che queste ritengono che il matrimonio non sia sacramento, ma solo atto di fede e di obbedienza alla Parola di Dio, quale unico canale di salvezza.

Per quanto riguarda lo spinoso problema del permesso di un secondo e terzo matrimonio in caso di fallimento dei precedenti, l'ortodossia considera unico per tutta la vita il matrimonio valido e scoraggia ogni altro matrimonio anche in caso di vedovanza. Tuttavia come misura pastorale di misericordia prevede un secondo matrimonio ed un terzo (ma questo solo per coniugi rimasti vedovi) a causa della debolezza umana. Tali matrimoni vengono considerati non sacramentali e in antico prevedevano i soli sponsali, senza incoronazione, e un tempo di penitenza degli sposi di 2-3 anni. Questa tradizione ortodossa comporta seri problemi per i matrimoni interconfessionali poiché il partner cattolico non può sposare partner ortodossi al secondo o terzo matrimonio, a meno che costoro non siano vedovi del primo e/o del secondo coniuge o che il precedente matrimonio ortodosso sia stato annullato da un tribunale ecclesiastico cattolico (visto che gli ortodossi non hanno la prassi della dichiarazione di nullità matrimoniale).

12.3.2 Visione e regole del Matrimonio nelle comunità protestanti tradizionali

Il matrimonio NON è un sacramento ma solo un impegno di fede personale e comunitario in risposta alla chiamata personale della Parola di Dio a ciascun fidanzato. Il pastore autorizzato invoca sugli sposi la benedizione di Dio, senza avere il potere di trasmettere efficacemente la grazia che salva. Infatti nel protestantesimo l'unico segno e strumento efficace della grazia è la Parola di Dio, non i riti sacramentali della chiesa.

Quanto al rito liturgico del matrimonio le chiese protestanti condividono con la chiesa cattolica la stessa sequenza celebrativa: 1/ dichiarazione di intenzioni 2/consenso e promesse di fedeltà degli sposi 3/ Scambio degli anelli (facoltativo per i protestanti) 4/ Benedizione degli sposi. Il rito protestante prevede anche la consegna di una bibbia.

I coniugi si promettono fedeltà per sempre, secondo la parola evangelica, ma in caso di dissoluzione della coppia le chiese protestanti ritengono non contrario al vangelo permettere ai divorziati, come male minore, un nuovo matrimonio in chiesa. D'altra parte non è necessario, come per i cattolici, la volontà esplicita di non escludere i figli. E infine è concesso ai coniugi l'uso di anticoncezionali artificiali per la regolazione delle nascite. In genere alcune comunità, specie quella valdese e altre, stanno riconoscendo il matrimonio tra omosessuali etc. Dal punto di vista etico e della morale familiare c'è, in genere, un abisso tra le comunità riformate e quelle cattoliche e ortodosse. Solo la chiesa cattolica chiede al partner cattolico la promessa di fare quanto è in suo potere perché i figli siano battezzati ed educati nella chiesa cattolica, rimettendosi tuttavia alla libera decisione della coppia stessa.

Solo due sono le forme riconosciute della celebrazione: benedizione in chiesa subito dopo il consenso matrimoniale con rito civile, oppure matrimonio concordatario durante un culto domenicale della comunità. Il partner cattolico può ottenere dal vescovo, su richiesta scritta, la dispensa dal rito cattolico e il riconoscimento di validità del suo matrimonio con rito protestante.

Se la coppia opta invece per il rito cattolico, è bene che questo si svolga senza celebrazione eucaristica per non evidenziare la mancata intercomunione tra le rispettive chiese. E' concesso inoltre che il ministro cattolico o protestante possa prendere la parola durante la celebrazione di matrimonio di una chiesa diversa dalla propria.

12.3.3 Osservazioni pastorali

I matrimoni fra cattolici ed altri battezzati presentano, pur nella loro particolare fisionomia, numerosi elementi che è bene valorizzare e sviluppare, sia per il loro intrinseco valore, sia per l'apporto che possono dare al movimento ecumenico. Ciò è particolarmente vero quando ambedue i coniugi sono fedeli ai loro impegni religiosi. Il comune battesimo e il dinamismo della grazia forniscono agli sposi, in questi matrimoni, la base e la motivazione per esprimere la loro unità nella sfera dei valori morali e spirituali.

Per mettere in evidenza l'importanza ecumenica di un tale matrimonio misto, vissuto pienamente nella fede dei due coniugi cristiani, va ricercata, anche se non sempre ciò si rivela facile, una cordiale collaborazione tra il ministro cattolico e quello non cattolico, fin dal tempo della preparazione al matrimonio e delle nozze" (Giovanni Paolo II, *Familiaris consortio, 1982*). Le diverse chiese cristiane si ritrovano oggi di fatto alleate di fronte alla pervasiva cultura secolarizzata dell'Occidente, che tende a privatizzare la vita di coppia e lo stesso matrimonio religioso, considerato come una bella e irrilevante cornice esteriore, familistica e tradizionale. Una grande opportunità di crescita della coscienza ecumenica è data dai corsi pre-matrimoniali allo scopo di riprendere un cammino di fede spesso interrotto o insicuro, nonché di accogliere e valorizzare le coppie e renderle protagoniste della vita della comunità. Più i fidanzati saranno impegnati nelle rispettive comunità d'origine e meglio potranno realizzare come coppie gli obiettivi fondamentali di una fede cristiana autenticamente ecumenica. Tali obiettivi sono: superamento della diffidenza e paura del cristiano "diverso" e sconosciuto, attraverso l'amicizia e la frequentazione reciproca; rimozione di pregiudizi, incomprensioni e veti incrociati e soprattutto scambio di doni spirituali e pastorali propri di ciascuna chiesa. In tal modo le coppie interconfessionali, motivate e preparate, avranno la possibilità di partecipare a momenti di catechesi, preghiera e culto di due chiese diverse, con il vantaggio di poter approfondire sia il comune patrimonio della fede cristiana, sia la specifica identità confessionale.

12.3.4 Indicazioni pratiche:

A/ E' bene che i fidanzati intensifichino i loro contatti con la propria comunità cristiana di appartenenza e insieme frequentino la diversa chiesa del partner per cercare di capirla dall'interno, senza tuttavia rinunciare alla propria identità

B/ I fidanzati dovrebbero darsi una regola di vita di coppia mista basata sui punti di convergenza della propria visione cristiana con quella del partner, realizzando per quanto possibile utili compromessi pratici

C/ Ciascun partner deve saper parlare ai figli della propria storia di fede particolare in dialogo con quella del coniuge.

D/ Le coppie miste dovrebbero saper condividere esperienze cristiane ecumeniche con altre coppie interconfessionali.

E/ E' bene non delegare solo agli esperti (catechisti, professori di religione, nonni, ecc.) l'educazione cristiana dei figli. La trasmissione della fede cristiana avviene anzitutto nei primi dieci anni di vita, all'interno della famiglia e da parte dei genitori sinceramente credenti … A tale scopo esistono schede catechistiche, preparate dal SAE (Segretariato Attività Ecumeniche), per dare ai figli una educazione ecumenica approvata dalle varie chiese cristiane.

A queste condizioni la famiglia di mista confessione può diventare il laboratorio sperimentale di uno stile di vita cristiana autenticamente ecumenico, dialogico, profetico e creativo.

12.3.5 Documenti utili

+ conf. Episcopale italiana, unione cristiana evangelica barttista d'italia, *Documento comune per un indirizzo pastorale dei matrimoni tra cattolici e battisti in Italia*, Bologna 2009, EDB.

+ COMMISSIONE CEI PER L'ECUMENISMO E IL DIALOGO, *I matrimoni tra cattolici e valdesi o metodisti in Italia,* Bologna 2001, EDB.

CONF. EPISCOPALE ITALIANA, *Vademecum per la pastorale delle parrocchie cattoliche verso gli Orientali non cattolici*, in AA.VV., *L'ortodossia in Italia. Le sfide di un incontro.*, a cura di Gino Battaglia, Bologna 2011, EDB.

Per non Concludere:
Lo stile ecumenico della vita cristiana

Mi piace concludere (si fa per dire perché il cammino ecumenico ha sempre bisogno di nuove ri-aperture e ri-partenze, e non certo di conclusioni ...) con un testo di Don Elio Bromuri che, con chiarezza e semplicità, esprime il senso di ciò che significa vivere il cristianesimo secondo uno stile ecumenico.

Stile vuol dire un modo di essere e di esprimersi. Una forma, non nel senso della esteriorità e del formalismo, ma nel senso filosofico (aristotelico-tomista) di perfezione, atto che dona una essenza, un carattere proprio e peculiare di un ente. Stili diversi nelle persone secondo i doni ricevuti, secondo i tempi e le condizioni. Gli stili di vita possono essere assimilabili alle diverse spiritualità ....
Lo stile ecumenico del cristiano? È un modo di essere incentrato sulla dimensione universale e unitaria della Chiesa. È la avvertenza della cattolicità della comunione, appunto, universale, che il Padre ha disegnato per gli uomini che Egli ama, e che desidera tutti, uno per uno, inseriti nel corpo del suo Figlio, dato per amore, e sotto l'influsso vitale del suo Spirito.
Questo tipo di spiritualità ecumenica è nuovo ed è antico. Antico perché si trova nella Sacra Scrittura, nei Padri (della Chiesa) e nella perenne tradizione della Chiesa, che ha sempre confessato (professato) la fede nell'una (nel proprio essere una), santa, cattolica e apostolica.
Nuovo perché quell'unità nel corso dei secoli si è trasformata da unità cattolica a unità confessionale. L'unità confessionale è pure un valore e una condizione essenziale per la comunità, perché possa vivere secondo il vangelo. Il cristianesimo infatti non è pensabile in forma individualistica. Ma è una unità parziale, talvolta conflittuale rispetto ad altre confessioni, e può divenire persino "settaria", esclusivistica, farisaica, fondamentalista, integralista.
I cattolici del Concilio Vaticano II hanno cominciato a respirare la cattolicità al di là della Chiesa romana. Hanno scoperto di avere dei fratelli e delle sorelle sia come persone di battezzati, sia come Chiese e

comunità cristiane che confessano l'unico Signore morto e risorto, secondo le Scritture ...
Stile e spiritualità ecumenica vuol dire entrare in questa scoperta che è dono di grazia dello Spirito Santo.
Superare le diffidenze che in passato, e per alcuni anche nel presente, pesano sul movimento ecumenico, e riconoscere in esso uno dei segni dei tempi più significativi del nostro secolo. Questo è il primo passo. Subito dopo si deve assumere la dolorosa consapevolezza della divisione. Essere divisi pur professando la stessa fede è una lacerazione dell'unico Corpo di Cristo, è una contraddizione al precetto della carità, una disobbedienza al precetto del Signore, uno scandalo per il mondo, un ostacolo alla missione apostolica. Il cristiano autentico e maturo, fedele o pastore, sente la contraddizione in cui si trova e ne prova disagio intimo e profondo. Si può dire che senza questa intima esperienza della lacerazione il cristiano dimostra di non essere interessato al Corpo di Cristo e alla sua opera di salvezza nel mondo; di essere un cristiano distratto, egocentrico.
Lo stile ecumenico appartiene quindi all'essere dei cristiani.
Questa assunzione di un modo di sentire ecumenico si traduce poi in ogni aspetto della vita cristiana, nel pregare, pensare, agire.
Nel pregare ...
Secondo lo stile biblico della preghiera, servendosi delle parole che Dio ci ha insegnato.
Vi è uno stile "ecumenico" della preghiera quando si privilegiano i testi e il linguaggio biblico e il rito liturgico, che affondano le loro radici nella più antica tradizione della Chiesa indivisa.
Non si devono certo abbandonare le devozioni della propria tradizione confessionale, ma con l'avvertenza di non sovrapporle alla liturgia della Chiesa.
... "Quando si prega insieme tra cristiani, il traguardo dell'unità appare più vicino". In essa ... ci raduniamo nel nome di Cristo che è uno. Egli è la nostra unità.
Stile ecumenico della vita cristiana è l'apprezzamento della Bibbia, la Parola che ci accomuna, che ci costituisce come Chiesa, creatura Verbi, e che oggi è anche comunemente tradotta e interpretata. Mettere al centro della vita cristiana la Parola di Dio, conosciuta, letta, meditata, contemplata, proclamata, vissuta è un impegno ampiamente ecumenico.

La vita sacramentale, con la riscoperta del Battesimo e dell'Eucarestia, la nascita della creatura nuova, è il culmine dell'amore e della riconciliazione. Vivere questi sacramenti in pienezza significa entrare nel circuito vitale della salvezza, che consiste nel riconciliare in Cristo tutte le cose ... e per mezzo di Cristo ricondurre l'umanità e l'universo al Padre.
Lo stile ecumenico è legato al modo di pensare e di esprimersi.
Il modo di pensare gli altri alla luce di Cristo, come lui li ha pensati e li pensa nel suo inesprimibile amore ... Pensare gli altri secondo ... il Padre, che ha tanto amato il mondo da dare il suo Figlio unigenito ..., secondo lo Spirito che dona i suoi carismi e i suoi doni compiendo l'opera di santificazione.
Pensare gli altri per quello che sono in realtà, superando schematismi e pregiudizi ed esprimendosi coerentemente con un linguaggio rispettoso. Conoscere i fratelli nelle loro storie e tradizioni, nella vita cristiana che praticano, negli esempi di martirio e di santità.

APPENDICE I

DAL CODICE DI DIRITTO CANONICO

Can. 844 - §1. I ministri cattolici amministrano lecitamente i sacramenti ai soli fedeli cattolici, i quali parimenti li ricevono lecitamente dai soli ministri cattolici, salve le disposizioni dei §§2, 3 e 4 di questo canone e del ⇛can. 861, §2.

§2. Ogni qualvolta una necessità lo esiga o una vera utilità spirituale lo consigli e purché sia evitato il pericolo di errore o di indifferentismo, è lecito ai fedeli, ai quali sia fisicamente o moralmente impossibile accedere al ministro cattolico, ricevere i sacramenti della penitenza, dell'Eucaristia e dell'unzione degli infermi da ministri non cattolici, nella cui Chiesa sono validi i predetti sacramenti.

§3. I ministri cattolici amministrano lecitamente i sacramenti della penitenza, dell'Eucaristia e dell'unzione degli infermi ai membri delle Chiese orientali, che non hanno comunione piena con la Chiesa cattolica, qualora li richiedano spontaneamente e siano ben disposti; ciò vale anche per i membri delle altre Chiese, le quali, a giudizio della Sede Apostolica, relativamente ai sacramenti in questione, si trovino nella stessa condizione delle predette Chiese orientali.

§4. Se vi sia pericolo di morte o qualora, a giudizio del Vescovo diocesano o della Conferenza Episcopale, incombesse altra grave necessità, i ministri cattolici amministrano lecitamente i medesimi sacramenti anche agli altri cristiani che non hanno piena comunione con la Chiesa cattolica, i quali non possano accedere al ministro della propria comunità e li chiedano spontaneamente, purché manifestino, circa questi sacramenti, la fede cattolica e siano ben disposti.

§5. Per i casi di cui ai §§2, 3 e 4, il Vescovo diocesano o la conferenza dei Vescovi non diano norme generali, se non dopo aver consultato l'autorità competente almeno locale della Chiesa o della comunità non cattolica interessata.

Can. 869 - §1. Se si dubita che uno sia stato battezzato, o che il battesimo non gli sia stato amministrato validamente e il dubbio persiste anche dopo una seria ricerca, il battesimo gli sia conferito sotto condizione.

§2. I battezzati in una comunità ecclesiale non cattolica non vanno battezzati sotto condizione, a meno che, esaminata la materia e la forma verbale usata nel conferimento del battesimo, considerata inoltre l'intenzione del battezzato adulto e del ministro battezzante, non persista una seria ragione per dubitare della validità del battesimo.

Can. 874 - §1. Per essere ammesso all'incarico di padrino, è necessario che: 1) sia designato dallo stesso battezzando o dai suoi genitori o da chi ne fa le veci oppure, mancando questi, dal parroco o dal ministro e abbia l'attitudine e l'intenzione di esercitare questo incarico; 2) abbia compiuto i sedici anni, a meno che dal Vescovo diocesano non sia stata stabilita un'altra età, oppure al parroco o al ministro non sembri opportuno, per giusta causa, ammettere l'eccezione; 3) sia cattolico, abbia già ricevuto la confermazione, il santissimo sacramento dell'Eucaristia e conduca una vita conforme alla fede e all'incarico che assume; 4) non sia irretito da alcuna pena canonica legittimamente inflitta o dichiarata; 5) non sia il padre o la madre del battezzando.

§2. Non venga ammesso un battezzato che appartenga ad una comunità ecclesiale non cattolica, se non insieme ad un padrino cattolico e soltanto come testimone del battesimo.

Can. 908 - È vietato ai sacerdoti cattolici concelebrare l'Eucaristia con i sacerdoti o i ministri delle Chiese o delle comunità ecclesiali, che non hanno la piena comunione con la Chiesa cattolica.

Can. 923 - I fedeli possono partecipare al Sacrificio eucaristico e ricevere la sacra comunione in qualunque rito cattolico, fermo restando il disposto del⇒can. 844.

Can. 933 - Per una giusta causa e con licenza espressa dell'Ordinario del luogo, è consentito al sacerdote celebrare l'Eucaristia nel tempio di qualche Chiesa o comunità ecclesiale non aventi piena comunione con la Chiesa cattolica, allontanato il pericolo di scandalo.

Can. 1118 - §1. Il matrimonio tra cattolici o tra una parte cattolica e l'altra non cattolica battezzata sia celebrato nella chiesa parrocchiale; con il permesso dell'Ordinario del luogo o del parroco potrà essere celebrato in altra chiesa o oratorio.

§2. L'Ordinario del luogo può permettere che il matrimonio sia celebrato in altro luogo conveniente.

I Matrimoni Misti

Can. 1124 - Il matrimonio fra due persone battezzate, delle quali una sia battezzata nella Chiesa cattolica o in essa accolta dopo il battesimo e non separata dalla medesima con atto formale, l'altra invece sia iscritta a una Chiesa o comunità ecclesiale non in piena comunione con la Chiesa cattolica, non può essere celebrato senza espressa licenza della competente autorità.

Can. 1125 - L'Ordinario del luogo, se vi è una causa giusta e ragionevole, può concedere tale licenza; ma non la conceda se non dopo il compimento delle seguenti condizioni: 1) la parte cattolica si dichiari pronta ad allontanare i pericoli di abbandonare la fede e prometta sinceramente di fare quanto è in suo potere perché tutti i figli siano battezzati ed educati nella Chiesa cattolica; 2) di queste promesse che deve fare la parte cattolica, sia tempestivamente informata l'altra parte, così che consti che questa è realmente consapevole della promessa e dell'obbligo della parte cattolica; 3) entrambe le parti siano istruite sui fini e le proprietà essenziali del matrimonio, che non devono essere esclusi da nessuno dei due contraenti.

Can. 1126 - Spetta alla conferenza Episcopale sia stabilire il modo in cui devono essere fatte tali dichiarazioni e promesse, sempre necessarie, sia determinare la forma per cui di esse consti nel foro esterno e la parte non cattolica ne sia informata.

Can. 1127 - §1. Relativamente alla forma da usare nel matrimonio misto, si osservino le disposizioni del ⇛ can. 1108; se tuttavia la parte cattolica contrae matrimonio con una parte non cattolica di rito orientale, l'osservanza della forma canonica della celebrazione è necessaria solo per la liceità; per la validità, invece, si richiede l'intervento di un ministro sacro, salvo quant'altro è da osservarsi a norma del diritto.

§2. Qualora gravi difficoltà si oppongano alla osservanza della forma canonica, l'Ordinario del luogo della parte cattolica ha il diritto di dispensare da essa in singoli casi, previa consultazione, però, dell'Ordinario del luogo in cui viene celebrato il matrimonio, e salva, per la validità, una qualche forma pubblica di celebrazione; spetta alla Conferenza Episcopale stabilire norme per le quali la predetta dispensa venga concessa per uguali motivazioni.

§3. È vietato, sia prima sia dopo la celebrazione canonica a norma del §1, dar luogo a un'altra celebrazione religiosa del medesimo matrimonio nella quale si dia o si rinnovi il consenso matrimoniale; parimenti non si deve fare una celebrazione religiosa in cui l'assistente cattolico e il ministro non cattolico, celebrando ciascuno il proprio rito, richiedano insieme il consenso delle parti.

Can. 1128 - Gli Ordinari del luogo e gli altri pastori d'anime facciano in modo che al coniuge cattolico e ai figli nati da matrimonio misto non manchi l'aiuto spirituale per adempiere i loro obblighi, e aiutino i coniugi ad accrescere l'unione della vita coniugale e familiare.

Can. 1129 - Le disposizioni dei cann. ⇛ 1127 e ⇛ 1128 si devono applicare anche ai matrimoni ai quali si oppone l'impedimento di disparità di culto, di cui al ⇛ can. 1086, §1.

APPENDICE II

DAL DIRETTORIO PER L'APPLICAZIONE DEI PRINCIPI E DELLE NORME PER L'ECUMENISMO
DOCUMENTO A CURA DEL PONTIFICIO CONSIGLIO PER L'UNITÀ DEI CRISTIANI

A. Il Sacramento del Battesimo

92. Per mezzo del sacramento del battesimo una persona è veramente incorporata a Cristo e alla sua Chiesa, e viene rigenerata per partecipare alla vita divina [103]. Il battesimo costituisce quindi il vincolo sacramentale dell'unità che esiste tra tutti quelli che, per suo mezzo, sono rinati. Il battesimo, di per sé, è soltanto un inizio, poiché tende all'acquisizione della pienezza della vita in Cristo. Pertanto esso è ordinato alla professione della fede, alla piena integrazione nell'economia della salvezza e alla comunione eucaristica [104]. Istituito da Gesù stesso, il battesimo, mediante il quale si partecipa al mistero della sua morte e della sua risurrezione, implica la conversione, la fede, la remissione del peccato e il dono della grazia.

93. Il battesimo è conferito con l'acqua e una formula che indica chiaramente l'atto di battezzare nel nome del Padre, del Figlio e dello Spirito santo. Di conseguenza, è di somma importanza per tutti i discepoli di Cristo che il battesimo venga amministrato da tutti in questo modo e che le diverse Chiese e comunità ecclesiali giungano, per quanto è possibile, ad un accordo sul suo significato e sulla validità della sua celebrazione.

94. È vivamente raccomandato che il dialogo circa il significato e la valida celebrazione del battesimo avvenga tra le autorità cattoliche e quelle delle altre Chiese e comunità ecclesiali a livello diocesano o di Conferenze episcopali. In tal modo sarà loro possibile arrivare a dichiarazioni comuni, nelle quali potranno esprimere il reciproco riconoscimento dei battesimi, pronunciandosi anche sul modo d'agire nei casi in cui potrebbero esserci dubbi sulla validità di questo o quel battesimo.

95. Per arrivare a tali forme di accordo, occorrerà avere ben presenti i seguenti punti:

a) Il battesimo per immersione, o per infusione, con la formula trinitaria è, in sé, valido. Di conseguenza, se i rituali, i libri liturgici o le consuetudini stabilite da una Chiesa o da una comunità ecclesiale prescrivono uno di questi modi di battezzare, il sacramento deve essere ritenuto valido, a meno che si abbiano fondate ragioni per mettere in dubbio che il ministro abbia osservato le norme della propria comunità o Chiesa.

b) La fede insufficiente di un ministro in ciò che concerne il battesimo, di per sé non ha mai reso invalido un battesimo. L'intenzione sufficiente del ministro che battezza deve essere presunta, a meno che non ci sia un serio motivo di dubitare che egli abbia voluto fare ciò che fa la Chiesa.

c) Se si sollevano dubbi sull'uso dell'acqua e sul modo di adoperarla [105], il rispetto per il sacramento e la deferenza verso le comunità ecclesiali implicate richiedono che sia condotta una seria indagine sulla pratica della comunità in questione, prima di qualsiasi giudizio sulla validità del battesimo da essa amministrato.

96. Secondo la situazione locale e qualora se ne presenti l'occasione, i cattolici possono far memoria, in una celebrazione comune con altri cristiani, del battesimo che li unisce, rinnovando con loro la rinunzia al peccato e l'impegno di vivere una vita pienamente cristiana, impegno assunto con le promesse del loro battesimo, e proponendo risolutamente di cooperare con la grazia dello Spirito santo per cercare di sanare le divisioni che esistono tra i cristiani.

97. Sebbene con il battesimo la persona venga incorporata a Cristo e alla sua Chiesa, ciò concretamente si realizza in una determinata Chiesa o comunità ecclesiale. Pertanto un battesimo non deve essere conferito congiuntamente da due ministri appartenenti a Chiese o a comunità ecclesiali diverse. D'altra parte, secondo la tradizione liturgica e teologica cattolica, il battesimo è amministrato da un solo celebrante. Per ragioni pastorali, in circostanze eccezionali, l'Ordinario del luogo può tuttavia permettere che il ministro di una Chiesa o comunità ecclesiale partecipi alla celebrazione, proclamando una lettura o facendo una preghiera, ecc. La reciprocità è possibile solo nel caso in cui il battesimo celebrato in un'altra comunità non sia in contrasto né con i principi né con la disciplina della Chiesa cattolica [106].

98. Secondo il pensiero cattolico, i padrini e le madrine, nell'accezione liturgica e canonica, devono essere membri della Chiesa o della comunità ecclesiale nella quale viene celebrato il battesimo. Essi non si assumono soltanto la responsabilità dell'educazione cristiana della persona battezzata (o cresimata) in qualità di parente o amico; essi sono lì pure come rappresentanti di una comunità di fede, garanti della fede e del desiderio di comunione ecclesiale del candidato.

a) Basandosi sul battesimo comune, e a causa dei vincoli di parentela o di amicizia, un battezzato che appartiene ad un'altra comunità ecclesiale può tuttavia essere ammesso come *testimone* del battesimo, ma soltanto insieme con un padrino cattolico [107]. Un cattolico può svolgere la medesima funzione nei confronti di una persona che deve essere battezzata in un'altra comunità ecclesiale.

b) In forza della stretta comunione esistente tra la Chiesa cattolica e le Chiese orientali ortodosse, è consentito, per un valido motivo, ammettere un fedele orientale con il ruolo di *padrino* congiuntamente ad un padrino cattolico (o una madrina) al battesimo di un bambino o di un adulto cattolico, a condizione che si sia sufficientemente provveduto all'educazione del battezzato e che sia riconosciuta l'idoneità del padrino.

Il ruolo del padrino a un battesimo conferito in una Chiesa orientale ortodossa non è interdetto a un cattolico, se vi è invitato. In tal caso l'obbligo di prendersi cura dell'educazione cristiana spetta in primo luogo al padrino (o alla madrina) che è membro della Chiesa nella quale il bambino è battezzato [108].

99. Ogni cristiano ha il diritto, per motivi di coscienza, di decidere liberamente di entrare nella piena comunione cattolica [109]. Adoperarsi per preparare una persona che desidera essere ricevuta nella piena comunione della Chiesa cattolica è, in sé, un'azione distinta dall'attività ecumenica [110]. Il rito dell'Iniziazione cristiana degli adulti prevede una formula per ricevere tali persone nella piena comunione cattolica. Nondimeno, in simili casi, così come nel caso dei matrimoni misti, l'autorità cattolica può avvertire la necessità di indagare per sapere se il battesimo, già ricevuto, sia stato celebrato validamente. Ncl compiere tali accertamenti, si tenga conto delle seguenti raccomandazioni:

a) La validità del battesimo, come è conferito nelle varie Chiese orientali, non è assolutamente oggetto di dubbio. E quindi sufficiente stabilire che il battesimo sia stato amministrato. In queste Chiese il sacramento della confermazione (crismazione) è legittimamente amministrato dal sacerdote contemporaneamente al battesimo; può pertanto accadere con una certa frequenza che nella certificazione canonica del battesimo non sia fatta alcuna menzione della confermazione. Ciò non autorizza affatto a mettere in dubbio che sia stata conferita anche la confermazione.

b) Quanto ai cristiani di altre Chiese e comunità ecclesiali, prima di esaminare la validità del battesimo di un cristiano, sarà necessario sapere se sia stato realizzato un accordo sul battesimo dalle Chiese e dalle comunità ecclesiali delle regioni o località in causa (come detto sopra, al n. 94), e se il battesimo sia stato effettivamente amministrato in conformità a tale accordo. Tuttavia, va fatto rilevare che la mancanza di un accordo formale sul battesimo, non deve automaticamente condurre a dubitare della validità del battesimo.

c) A riguardo di questi cristiani, quando è stata rilasciata una attestazione ecclesiastica ufficiale, non c'è alcun motivo di dubitare della validità del battesimo conferito nelle loro Chiese o comunità ecclesiali, a meno che, per un caso particolare, un esame non riveli che c'è una seria ragione per dubitare della materia, della formula usata per il battesimo, dell'intenzione del battezzato adulto e del ministro che ha battezzato [111].

d) Se, anche dopo una scrupolosa ricerca, rimane un fondato dubbio sulla corretta amministrazione del battesimo e si ritiene necessario battezzare sotto condizione, il ministro cattolico dovrà dar prova del suo rispetto per la dottrina secondo la quale il battesimo può essere conferito una volta sola, spiegando alla persona interessata perché in quel caso venga battezzata sotto condizione e, anche, il significato del rito del battesimo sotto condizione; inoltre, il rito del battesimo sotto condizione dev'essere celebrato in privato e non in pubblico [112].

e) È auspicabile che i Sinodi delle Chiese orientali cattoliche e le Conferenze episcopali diano direttive in ordine all'accettazione nella piena comunione cattolica di cristiani battezzati in altre Chiese e comunità ecclesiali, tenendo conto del fatto che non si tratta di catecumeni e anche del grado di conoscenza e di pratica della fede cristiana che costoro possono avere.

100. Secondo il rito dell'iniziazione cristiana degli adulti, coloro che aderiscono a Cristo per la prima volta sono normalmente battezzati durante la Veglia pasquale. Là dove la celebrazione ditale rito comprende l'accettazione di coloro che, già battezzati, entrano nella piena comunione cattolica, bisogna fare una netta distinzione tra questi ultimi e coloro che non hanno ancora ricevuto il battesimo.

101. Allo stato attuale delle nostre relazioni con le comunità ecclesiali sorte dalla Riforma del XVI secolo, non si è ancora arrivati ad un accordo né sul significato, né sulla natura sacramentale e neppure sull'amministrazione del sacramento della confermazione. Di conseguenza, nelle circostanze attuali, le persone che entrassero nella piena comunione della Chiesa cattolica e che venissero da queste comunità, dovrebbero ricevere il sacramento della confermazione secondo la dottrina e il rito della Chiesa cattolica, prima di essere ammesse alla Comunione eucaristica.

Condivisione di vita sacramentale, in particolare dell'Eucaristia

a) Condivisione di vita sacramentale con i membri delle varie Chiese orientali

122. Tra la Chiesa cattolica e le Chiese orientali che non sono in piena comunione con essa, esiste comunque una comunione molto stretta nel campo della fede [125]. Inoltre, «per mezzo della celebrazione della Eucaristia del Signore in queste singole Chiese, la Chiesa di Dio è edificata e cresce» e «quelle Chiese, quantunque separate, hanno veri sacramenti e soprattutto, in forza della successione apostolica, il sacerdozio e l'Eucaristia[...]» [126]. Ciò, secondo la concezione della Chiesa cattolica, costituisce un fondamento ecclesiologico e sacramentale per permettere e perfino incoraggiare una certa condivisione con quelle Chiese, nell'ambito del culto liturgico, anche per quanto riguarda l'Eucaristia, «presentandosi opportune circostanze e con l'approvazione dell'autorità ecclesiastica» [127]. Tuttavia, è noto che le Chiese orientali, in forza della concezione ecclesiologica loro propria, possono avere una disciplina più restrittiva in tale materia, disciplina che gli altri devono rispettare. È necessario che i pastori istruiscano con cura i fedeli, perché abbiano una chiara conoscenza delle precise ragioni ditale condivisione nel campo del culto liturgico e delle diverse discipline esistenti al riguardo.

123. Ogni qualvolta una necessità lo esiga o una vera utilità spirituale lo consigli e purché sia evitato il pericolo di errore o di indifferentismo, è lecito a ogni cattolico, per il quale sia fisicamente o moralmente impossibile accedere al ministro cattolico, ricevere i sacramenti della penitenza, dell'Eucaristia e dell'unzione degli infermi da parte di un ministro di una Chiesa orientale [128].

124. Poiché presso i cattolici e presso i cristiani orientali vigono usanze diverse riguardo alla frequenza della comunione, alla confessione prima della comunione e al digiuno eucaristico, è necessario che i cattolici abbiano cura di non suscitare scandalo e diffidenza tra i cristiani orientali non seguendo le consuetudini delle Chiese d'Oriente. Un cattolico che desidera legittimamente ricevere la comunione presso i cristiani orientali deve, nella misura del possibile, rispettare la disciplina orientale e, se questa Chiesa riserva la comunione sacramentale ai propri fedeli escludendo tutti gli altri, deve astenersi dal prendervi parte.

125. I ministri cattolici possono amministrare lecitamente i sacramenti della penitenza, dell'Eucaristia e dell'unzione degli infermi ai membri delle Chiese orientali qualora questi li richiedano spontaneamente e abbiano le dovute disposizioni. Anche in tali casi bisogna prestare attenzione alla disciplina delle Chiese orientali per i loro fedeli ed evitare ogni proselitismo, anche solo apparente [129].

126. Durante una celebrazione liturgica sacramentale in una Chiesa orientale, i cattolici possono proclamare letture, se vi sono stati invitati. Un cristiano orientale può essere invitato a proclamare letture durante celebrazioni analoghe in chiese cattoliche.

127. Un ministro cattolico può presenziare e prender parte, in una Chiesa orientale, ad una cerimonia di matrimonio, celebrata secondo le norme, tra cristiani orientali o tra due persone di cui una è cattolica e l'altra cristiana orientale, se vi è stato invitato dall'autorità della Chiesa orientale e se si conforma alle norme date qui sotto per i matrimoni misti, là dove vengono applicate.

128. Una persona appartenente a una Chiesa orientale può fare da testimone a un matrimonio in una chiesa cattolica; allo stesso modo una persona appartenente alla Chiesa cattolica può fare da testimone a un matrimonio, celebrato secondo le norme, in una Chiesa orientale. In ogni caso, questa prassi deve essere conforme alla disciplina generale delle due Chiese, riguardante le regole di partecipazione a tali matrimoni.

b) Condivisione di vita sacramentale con i cristiani di altre Chiese e comunità ecclesiali

129. Il sacramento è un'azione di Cristo e della Chiesa per mezzo dello Spirito [130]. La celebrazione di un sacramento in una comunità concreta è il segno della realtà della sua unità nella fede, nel culto e nella vita comunitaria. In quanto segni, i sacramenti, e in modo particolarissimo l'Eucaristia, sono sorgenti di unità della comunità cristiana e di vita spirituale e mezzi per incrementarle. Di conseguenza, la comunione eucaristica è inseparabilmente legata alla piena comunione ecclesiale e alla sua espressione visibile.

Al tempo stesso, la Chiesa cattolica insegna che mediante il battesimo i membri di altre Chiese e comunità ecclesiali si trovano in una comunione reale, anche se imperfetta, con la Chiesa cattolica [131] e che «il battesimo costituisce il vincolo sacramentale dell'unità, che vige tra tutti quelli che per mezzo di esso sono stati rigenerati, esso tende interamente all'acquisto della pienezza della vita in Cristo» [132]. Per i battezzati, l'Eucaristia è un cibo spirituale, che li rende capaci di vincere il peccato e di vivere della vita stessa di Cristo, di essere più profondamente incorporati a Lui e di partecipare più intensamente a tutta l'economia del mistero di Cristo.

E alla luce di questi due principi basilari, i quali devono sempre essere considerati insieme, che la Chiesa cattolica, in linea di principio, ammette alla comunione eucaristica e ai sacramenti della penitenza e della unzione degli infermi esclusivamente coloro che sono nella sua unità di fede, di culto e di vita ecclesiale [133]. Per gli stessi motivi, essa riconosce anche che, in certe circostanze, in via eccezionale e a determinate condizioni, l'ammissione a questi sacramenti può essere autorizzata e perfino raccomandata a cristiani di altre Chiese e comunità ecclesiali [134].

130. In caso di pericolo di morte, i ministri cattolici possono amministrare questi sacramenti alle condizioni sotto elencate (n. 131). In altri casi, è vivamente raccomandato che il Vescovo diocesano, tenendo conto delle norme che possono esser state stabilite in tale materia dalla Conferenza episcopale o dai Sinodi delle Chiese orientali, fissi norme generali che permettano il discernimento in situazioni di grave e pressante necessità e la verifica delle condizioni qui sotto elencate (n. 131) [135]. In conformità al diritto canonico [136], tali norme generali devono essere stabilite soltanto previa consultazione dell'autorità competente, almeno locale, dell'altra Chiesa o comunità ecclesiale interessata. I ministri cattolici vaglieranno i casi particolari e amministreranno questi sacramenti solo in conformità a tali norme, là dove sono state emanate. Diversamente, giudicheranno in base alle norme del presente Direttorio.

131. Le condizioni in base alle quali un ministro cattolico può amministrare i sacramenti dell'Eucaristia, della penitenza e dell'unzione degli infermi a una persona battezzata, che venga a trovarsi nelle circostanze di cui si fa menzione qui sopra (n. 130), sono: che detta persona sia nell'impossibilità di accedere ad un ministro della sua Chiesa o comunità ecclesiale per ricevere il sacramento desiderato, che chieda del tutto spontaneamente quel sacramento, che manifesti la fede cattolica circa il sacramento chiesto e che abbia le dovute disposizioni [137].

132. Rifacendosi alla dottrina cattolica dei sacramenti e della loro validità, un cattolico, nelle circostanze sopra indicate (nn. 130–131), non può chiedere i suddetti sacramenti che a un ministro di una Chiesa i cui sacramenti sono validi, oppure a un ministro che, secondo la dottrina cattolica dell'ordinazione, è riconosciuto come validamente ordinato.

133. Durante una celebrazione eucaristica della Chiesa cattolica la proclamazione della sacra Scrittura è fatta da membri di questa Chiesa. In occasioni eccezionali e per una giusta causa, il Vescovo diocesano può permettere che un membro di un'altra Chiesa o comunità ecclesiale vi svolga la funzione di lettore.

134. Per la liturgia eucaristica cattolica, l'omelia, che è parte della liturgia stessa, è riservata al sacerdote o al diacono, perché in essa vengono presentati i misteri della fede e le norme della vita cristiana in consonanza con l'insegnamento e la tradizione cattolica [138].

135. Per la proclamazione della sacra Scrittura e per la predicazione durante celebrazioni diverse dalla celebrazione eucaristica, devono essere osservate le norme date sopra (n. 118).

136. I membri di altre Chiese o comunità ecclesiali possono fare da testimoni a una celebrazione di matrimonio in una Chiesa cattolica. Anche i cattolici possono essere testimoni a matrimoni celebrati in altre Chiese e comunità ecclesiali.

Condivisione di altre risorse per la vita e l'attività spirituale

137. Le chiese cattoliche sono edifici consacrati o benedetti, che hanno un importante significato teologico e liturgico per la comunità cattolica. Di conseguenza, sono generalmente riservate al culto cattolico. Tuttavia, se sacerdoti, ministri o comunità che non sono in piena comunione con la Chiesa cattolica non hanno un luogo, né gli oggetti liturgici necessari per celebrare degnamente le loro cerimonie religiose, il Vescovo diocesano può loro permettere di usare una chiesa o un edificio cattolico e anche prestar loro gli oggetti necessari per il loro culto.

In circostanze analoghe può essere loro consentito di fare funerali o di celebrare ufficiature in cimiteri cattolici.

138. A causa dell'evoluzione sociale, del rapido incremento demografico e dell'urbanizzazione e per motivi finanziari, là dove esistono buone relazioni ecumeniche e c'è comprensione tra le comunità, il possesso o l'uso comune di luoghi di culto per un periodo prolungato può diventare di interesse pratico.

139. Quando il Vescovo diocesano ne ha dato l'autorizzazione, in conformità alle norme della Conferenza episcopale o della Santa Sede, nel caso vi fossero tali luoghi comuni di culto, è necessario prendere saggiamente in considerazione la questione della riserva del SS .mo Sacramento, in modo che sia risolta secondo una sana teologia sacramentale e con tutto il rispetto che gli è dovuto, tenendo anche conto delle diverse sensibilità di coloro che usano l'edificio, costruendo, per esempio, un vano separato o una cappella.

140. Prima di fare i progetti di un edificio comune, le autorità delle comunità interessate dovranno innanzi tutto raggiungere un accordo su come verranno rispettate le differenti discipline, particolarmente per ciò che riguarda i sacramenti. Inoltre, sarà opportuno stendere un accordo scritto in cui, in modo chiaro e adeguato, vengano trattate tutte le questioni che possono essere sollevate in materia di finanze e di obblighi di fronte alle leggi ecclesiastiche e civili.

142. Negli ospedali, nelle case per persone anziane e nelle istituzioni analoghe dirette da cattolici, le autorità devono darsi premura di avvertire i sacerdoti e i ministri delle altre comunità cristiane della presenza di loro fedeli, e agevolarli perché possano far visita a dette persone e portar loro un aiuto spirituale e sacramentale in condizioni degne e decorose, anche con l'uso della cappella.

C. Matrimoni Misti

144. In ogni matrimonio la principale preoccupazione della Chiesa è di conservare la solidità e la stabilità del vincolo coniugale indissolubile e della vita familiare che ne deriva. La perfetta unione delle persone e la condivisione completa della vita, che costituiscono lo stato matrimoniale, sono più facilmente assicurati quando i coniugi appartengono alla medesima comunità di fede. Inoltre, la concreta esperienza e le osservazioni che scaturiscono da diversi dialoghi tra i rappresentanti di Chiese e di comunità ecclesiali dimostrano che i matrimoni misti presentano spesso difficoltà per le coppie stesse e per i loro figli in ordine alla conservazione della fede, all'impegno cristiano e all'armonia della vita familiare. Per tutti questi motivi, il matrimonio tra persone che appartengono alla stessa comunità ecclesiale rimane l'obiettivo da raccomandare e da incoraggiare.

145. Poiché tuttavia si constata il numero crescente di matrimoni misti in molte parti del mondo, la viva sollecitudine pastorale della Chiesa si estende alle coppie che si preparano a contrarre tali matrimoni e alle coppie che già li hanno contratti. Questi matrimoni, nonostante le loro particolari difficoltà, «presentano numerosi elementi che è bene valorizzare e sviluppare, sia per il loro intrinseco valore, sia per l'apporto che possono dare al movimento ecumenico. Ciò è particolarmente vero quando ambedue i coniugi sono fedeli ai loro impegni religiosi. Il comune battesimo e il dinamismo della grazia forniscono agli sposi, in questi matrimoni, la base e la motivazione per esprimere la loro unità nella sfera dei valori morali e spirituali» [140].

146. Appartiene alla permanente responsabilità di tutti, ma in primo luogo dei presbiteri, dei diaconi e di coloro che li affiancano nel ministero pastorale, offrire un insegnamento e un sostegno particolari al coniuge cattolico nella sua vita di fede e alle coppie dei matrimoni misti per la loro preparazione alle nozze, durante la celebrazione sacramentale e per la vita comune che ne consegue. Questa cura pastorale deve tener conto della concreta condizione spirituale di ogni coniuge, della sua educazione alla fede e della sua pratica della fede. Al tempo stesso, si deve rispettare la situazione particolare di ogni coppia, la coscienza di ogni coniuge e la santità dello stesso matrimonio sacramentale. Se si ritiene utile, i vescovi diocesani, i Sinodi delle Chiese orientali cattoliche o le Conferenze episcopali potranno stabilire direttive più particolareggiate per questo servizio pastorale.

147. Per affrontare questa responsabilità, quando la situazione lo richiede, se possibile, occorrerà fare passi positivi per creare legami con il ministro dell'altra Chiesa o comunità ecclesiale, anche se ciò non riesce sempre facile. In linea di massima, gli incontri tra pastori cristiani, al fine di sostenere i matrimoni misti e di conservarne i valori, possono essere un eccellente terreno di collaborazione ecumenica.

148. Stendendo i programmi della preparazione necessaria al matrimonio, il presbitero o il diacono, e coloro che li affiancano, dovranno insistere sugli aspetti positivi di ciò che la coppia, in quanto cristiana, condivide della vita di grazia, di fede, di speranza e di amore e degli altri doni interiori dello Spirito santo [141]. Ciascuno dei coniugi, pur continuando ad essere fedele al proprio impegno cristiano e a viverlo, dovrà ricercare ciò che può condurre all'unità e all'armonia, senza minimizzare le reali differenze ed evitando un atteggiamento di indifferenza religiosa.

149. Per favorire una maggiore comprensione e una più profonda unità, ciascun coniuge dovrà cercare di conoscere meglio le convinzioni religiose dell'altro e gli insegnamenti e le pratiche religiose della Chiesa o comunità ecclesiale cui l'altro appartiene. Per aiutare i due sposi a vivere dell'eredità cristiana che è loro comune, si deve loro ricordare che la preghiera in comune è essenziale per la loro armonia spirituale, e che la lettura e lo studio della sacra Scrittura sono di grande importanza. Durante il periodo di preparazione, l'impegno della coppia per comprendere le tradizioni religiose ed ecclesiali di ognuno e il serio esame delle differenze esistenti, possono condurre ad una onestà, ad una carità e ad una comprensione più grandi verso tali realtà, ma anche verso lo stesso matrimonio.

150. Quando, per «una causa giusta e ragionevole», viene richiesto il permesso di contrarre un matrimonio misto, le due parti dovranno essere istruite sui fini e sulle proprietà essenziali del matrimonio, che non devono essere escluse da nessuno dei due contraenti. Inoltre, si chiederà alla parte cattolica, secondo la forma stabilita dal diritto particolare delle Chiese orientali cattoliche o dalla Conferenza episcopale, di dichiararsi pronta ad allontanare i pericoli di abbandonare la fede e di promettere sinceramente di fare quanto è in suo potere perché tutti i figli siano battezzati ed educati nella Chiesa cattolica. L'altra parte deve essere informata ditali promesse e responsabilità [142]. Al tempo stesso, bisogna constatare che la parte non cattolica può essere tenuta ad un obbligo analogo in forza del proprio impegno cristiano. È da notare che, nel diritto canonico, non è richiesta a questa parte nessuna promessa, né scritta né verbale.

Nei contatti che si avranno con coloro che intendono celebrare un matrimonio misto, si suggerirà e si favorirà, prima del matrimonio, la discussione e, se possibile, la decisione circa il battesimo e l'educazione cattolica dei figli che nasceranno.

L'Ordinario del luogo, per vagliare l'esistenza o meno di «una causa giusta e ragionevole», in vista di concedere il permesso del matrimonio misto, terrà conto, tra l'altro, di un rifiuto esplicito della parte non cattolica.

151. Il genitore cattolico, nel compiere il proprio dovere di trasmettere la fede cattolica ai figli, rispetterà la libertà religiosa e la coscienza dell'altro genitore, e avrà cura dell'unità e della stabilità del matrimonio e di conservare la comunione della famiglia. Se, nonostante tutti gli sforzi, i figli non vengono battezzati né educati nella Chiesa cattolica, il genitore cattolico non incorre nella censura comminata dal diritto canonico [143]. Tuttavia, non cessa per lui l'obbligo di condividere con i figli la fede cattolica. Tale esigenza rimane e può comportare, per esempio, che egli svolga una parte attiva nel contribuire all'atmosfera cristiana della famiglia; che faccia quanto è in suo potere con la parola e con l'esempio per aiutare gli altri membri della famiglia ad apprezzare i valori peculiari della tradizione cattolica; che coltivi tutte le disposizioni necessarie perché, ben istruito nella propria fede, sia capace di esporla e di discuterne con gli altri; che preghi con la sua famiglia per implorare la grazia dell'unità dei cristiani, com'è nella volontà del Signore.

152. Pur tenendo ben presente l'esistenza di differenze dottrinali che impediscono la piena comunione sacramentale e canonica tra la Chiesa cattolica e le varie Chiese orientali, nella pastorale dei matrimoni tra cattolici e cristiani orientali si deve porre una particolare attenzione all'insegnamento corretto e solido della fede condivisa dai due sposi e al fatto che nelle Chiese orientali si trovano «veri sacramenti e soprattutto, in forza della successione apostolica, il sacerdozio e l'Eucaristia, per mezzo dei quali esse restano ancora unite con noi da strettissimi vincoli» [144]. Una genuina attenzione pastorale accordata alle persone che hanno contratto questo matrimonio può aiutarle a meglio comprendere come i loro figli verranno iniziati ai misteri sacramentali di Cristo e ne saranno spiritualmente nutriti. La loro formazione all'autentica dottrina cristiana e al modo di vivere da cristiani deve essere, per la maggior parte, simile in ognuna delle Chiese. Le diversità in materia di vita liturgica e di devozione privata possono servire ad incoraggiare la preghiera familiare, anziché ostacolarla.

153. Il matrimonio tra una parte cattolica e un membro di una Chiesa orientale è valido se è stato celebrato secondo un rito religioso da un ministro ordinato, purché le altre disposizioni del diritto canonico richieste per la validità siano state rispettate. In questo caso la forma canonica della celebrazione è necessaria per la liceità [145]. La forma canonica è richiesta per la validità dei matrimoni tra cattolici e cristiani di altre Chiese e comunità ecclesiali [146].

154. Per gravi motivi, l'Ordinario del luogo della parte cattolica, fatto salvo il diritto delle Chiese orientali [147], previa consultazione dell'Ordinario del luogo in cui verrà celebrato il matrimonio, può dispensare la parte cattolica dall'osservanza della forma canonica del matrimonio [148]. Tra i motivi della dispensa possono essere tenuti presenti la conservazione dell'armonia familiare, il raggiungimento dell'accordo dei genitori per il matrimonio, il riconoscimento del particolare impegno religioso della parte non cattolica o del suo legame di parentela con un ministro di un'altra Chiesa o comunità ecclesiale. Le Conferenze episcopali dovrebbero stabilire norme in base alle quali la predetta dispensa possa essere concessa secondo una pratica comune.

155. L'obbligo, imposto da alcune Chiese o comunità ecclesiali, di osservare la forma del matrimonio loro propria non costituisce una causa di automatica dispensa dalla forma canonica cattolica. Le situazioni particolari di questo tipo devono essere oggetto di dialogo tra le Chiese, almeno a livello locale.

156. Si terrà presente che una qualche forma pubblica di celebrazione è richiesta per la validità del matrimonio [149], se esso è celebrato con la dispensa dalla forma canonica. Per sottolineare l'unità del matrimonio, non è consentito che abbiano luogo due celebrazioni religiose distinte, per cui lo scambio del consenso sarebbe espresso due volte, oppure un solo servizio religioso durante il quale lo scambio del consenso verrebbe richiesto congiuntamente o successivamente da due ministri [150].

157. Con la previa autorizzazione dell'Ordinario del luogo, un presbitero cattolico o un diacono, se vi è invitato, può essere presente o in qualche modo partecipare alla celebrazione dei matrimoni misti, allorché sia stata accordata la dispensa dalla forma canonica. In questo caso non può esservi che una sola cerimonia durante la quale la persona che presiede riceve lo scambio del consenso degli sposi. Su invito del celebrante, il presbitero cattolico o il diacono può recitare preghiere supplementari e appropriate, leggere le Scritture, fare una breve esortazione e benedire la coppia.

158. Se la coppia lo chiede, l'Ordinario del luogo può permettere che il presbitero cattolico inviti il ministro della Chiesa o della comunità ecclesiale della parte non cattolica a partecipare alla celebrazione del matrimonio, proclamarvi le letture bibliche, fare una breve esortazione e benedire la coppia.

159. Poiché possono presentarsi problemi riguardanti la condivisione eucaristica, a causa della presenza di testimoni o di invitati non cattolici, un matrimonio misto, celebrato secondo la forma cattolica, ha generalmente luogo al di fuori della liturgia eucaristica. Tuttavia, per una giusta causa, il Vescovo diocesano può permettere la celebrazione dell'Eucaristia [151]. In quest'ultimo caso, la decisione di ammettere o no la parte non cattolica del matrimonio alla comunione eucaristica va presa in conformità alle norme generali esistenti in materia, tanto per i cristiani orientali [152] quanto per gli altri cristiani [153], e tenendo conto di questa situazione particolare, che cioè ricevono il sacramento del matrimonio cristiano due cristiani battezzati.

160. Sebbene gli sposi di un matrimonio misto abbiano in comune i sacramenti del battesimo e del matrimonio, la condivisione dell'Eucaristia non può essere che eccezionale e, in ogni caso, vanno osservate le disposizioni indicate qui sopra, riguardanti l'ammissione di un cristiano non cattolico alla comunione eucaristica [154], e così pure quelle concernenti la partecipazione di un cattolico alla comunione eucaristica in un'altra Chiesa [155].

APPENDICE III

ECUMENISMO E CATECHESI

L'albero della Chiesa

Lo schema rappresenta le diverse fasi della storia della Chiesa e indica le principali comunità di cristiani presenti oggi nel mondo

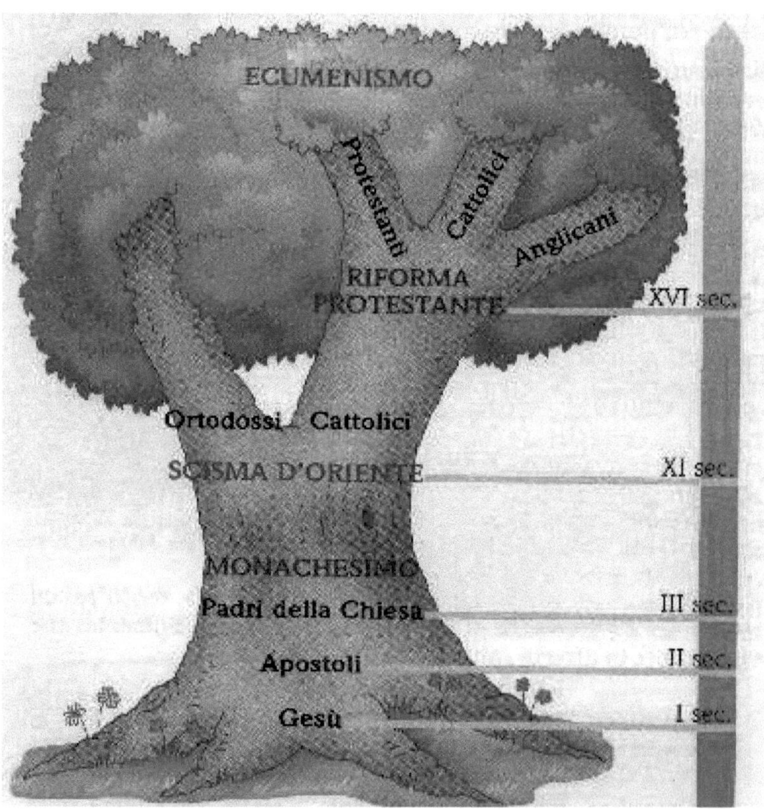

Il cammino verso l'unità

Dopo secoli di incomprensioni e di contrasti, nel 1910 nasce il **movimento ecumenico** moderno (*ecumenismo* deriva dal greco *oikumene* = terra comune). Questo movimento ha come scopo di promuovere l'unità dei cristiani di ogni confessione. È sorto per opera di alcuni evangelici ma ha ricevuto un forte sviluppo da parte della Chiesa cattolica dopo il Concilio Vaticano II perché con Gesù «*affinché siano una sola cosa*» in latino "ut unum sint" (Gv 17,21). Ogni anno a gennaio si tiene una *Settimana di preghiera per l'unità dei cristiani.* La Chiesa cattolica pensa che il cammino verso l'ecumenismo sia percorribile seguendo 4 strade:

- la **dottrina**: discutere sul catechismo delle varie confessioni cristiane e confrontarsi
- la **carità**: agire insieme per sovvenire alle necessità dei poveri
- gli **incontri** dei rappresentanti ufficiali (visite,per esempio del Papa a Costantinopoli)
- la **preghiera comune** (18-25 gennaio)

La Chiesa si divide

«vi esorto, fratelli, per il nome del Signore nostro Gesù Cristo perché non vi siano divisioni fra voi ma siate in perfetta unione di pensiero» (1Cor 1,10)

San Paolo si preoccupava per alcuni contrasti sorti tra i cristiani del suo tempo. Passando i secoli, tradizioni, culture e situazioni politiche questi contrasti o differenti interpretazioni della fede diventarono sempre più gravi. Nel **1054** avvenne lo **scisma** (= separazione/divisione) dei cristiani delle Chiese orientali (Costantinopoli, Antiochia, Alessandria d'Egitto,...), che riconoscevano una speciale autorità al vescovo (patriarca) di Costantinopoli e quelli della Chiesa occidentale, che si riconoscevano guidati dal vescovo di Roma, con il titolo di papa. Lo scisma avvenne anche perché lungo il tempo, il mondo romano e quello bizantino erano andati distanziandosi sempre più (lingue, culture, storie e avvenimenti diversi). E' come essere su due zattere che si allontanano tra loro: alla fine non si sente più la voce dell'altro e, quando è ormai molto lontano, non si vede più e si finisce per dimenticarsene.

Nonostante i vari movimenti di rinnovamento che si erano succeduti nei secoli (il monachesimo, s. Francesco e i suoi fratelli, ...) una vera riforma della Chiesa ancora mancava. Cresceva perciò il disagio e la protesta di molti cristiani che non riconoscevano in una Chiesa ricca e potente l'immagine di Gesù povero tra i poveri. Così, quando nel **1517** il monaco tedesco *Martin Lutero* attaccò l'autorità del papa, la gerarchia e la dottrina della Chiesa cattolica, tante persone lo seguirono, nella speranza di una vera riforma (alcuni però speravano solo di avere vantaggi politici!).

Lutero non riconosceva l'autorità del papa, diceva che Gesù aveva voluto solo due sacramenti (battesimo e eucarestia), che l'uomo si salva solo per la fede e non per le buone azioni che fa. Nacque così la *Chiesa protestante* o meglio *riformata.*

La riforma protestante arrivò anche in Inghilterra. Nel **1534** il re Enrico VIII decise di liberarsi dall'autorità del papa e di rendere autonoma la Chiesa inglese. Ancora oggi i re inglesi sono a capo della *Chiesa anglicana.*

Anche nella Chiesa Cattolica c'erano movimenti e richieste di riforma come abbiamo visto per la Germania di Lutero. Spronata dalla riforma protestante, la Chiesa romana accolse i fermenti e le richieste di rinnovamento e decise di rinnovarsi. Nel 1545, papa Paolo III convocò a Trento un grande **Concilio** (riunione del papa con tutti i vescovi) nell'intento di rinnovare la Chiesa cattolica e di ritrovare l'unità con i riformati, ma non vi riuscì. In questo Concilio si ribadì la presenza reale di Gesù nell'Eucarestia (cioè non è un semplice pezzo di pane), che tutti i 7 sacramenti sono stati voluti da Gesù, che l'interpretazione della Bibbia ha bisogno anche del Magistero. Furono istituiti i seminari per la formazione dei sacerdoti, scuole e oratori per l'educazione dei ragazzi e nacquero nuovi ordini religiosi per l'annuncio del Vangelo e le opere di carità

Celebriamo l'unità dei cristiani

Da Dossier Catechista, gennaio 2010.

Tante note un'unica armonia
Ognuno di noi è un dono per i fratelli

Canto iniziale: Popoli tutti.

Catechista: «Cari ragazzi, il cammino di catechesi che stiamo compiendo ci fa scoprire la ricchezza che il Signore ha dato a ciascuno di noi. Ognuno è diverso dall'altro. Ci accorgiamo che tale ricchezza sarebbe sprecata e inutile se rimanesse in noi. Ne scopriamo il valore e l'utilità solo se condivisa con gli altri. E così diventa dono per tutti. Vogliamo ora ringraziare il Signore per il dono di ciascuno di noi. Uno dopo l'altro esprimiamo la qualità positiva che abbiamo scoperto in un compagno».

Il catechista dà a ciascuno un foglietto con il nome di un ragazzo. Chi lo riceve è invitato a scrivere la qualità che riconosce.

(Es.: Mario. Grazie Signore per la sua generosità).

Tutti si uniscono nel ringraziamento con il ritornello:

Rit.: Grazie, Signore!

Davanti all'assemblea è esposto il cartellone del rigo musicale con la strofa del canto «Dov'è carità e amore, qui c'è Dio» e sotto un altro rigo vuoto.

Guida: «L'immagine dello spartito musicale che abbiamo davanti ci ricorda quanto ci dice la parola del Signore. Noi siamo tanti strumenti musicali chiamati a offrire la nostra parte all'unica melodia».

Lettore: Dalla prima lettera di san Paolo apostolo ai Corinzi (14,7-12) «Ecco quanto accade per gli oggetti inanimati che emettono un suono, come il flauto o la cetra; se non si distinguono con chiarezza i suoni, come si potrà distinguere ciò che si suona col flauto da ciò che si suona con la cetra? E se la tromba emette un suono confuso, chi si preparerà al combattimento? Così anche voi, se non pronunziate parole chiare con la lingua, come si potrà comprendere ciò che andate dicendo? Parlerete al vento! Nel mondo vi sono chissà quante varietà di lingue e nulla è senza un proprio linguaggio; ma se io non conosco il valore del suono, sono come uno straniero per colui che mi parla, e chi mi parla sarà uno straniero per me. Quindi anche voi, poiché desiderate i doni dello Spirito, cercate di averne in abbondanza, per l'edificazione della comunità».

Catechista: «È bello scoprire che ciascuno di noi è un dono dello Spirito, una parola d'amore da offrire ai fratelli. Il Signore ci ha fatto la grazia di entrare a far parte della Chiesa che è il Corpo di Cristo. Tanti sono coloro che hanno scelto Gesù: cattolici, ortodossi, anglicani, protestanti, luterani, evangelici, valdesi, melchiti, armeni, copti, etiopi...Durante i secoli noi cristiani abbiamo lacerato la Chiesa, il corpo santo di Gesù, dividendoci in tante chiese. Ed ecco che il corpo di Gesù è rovinato, diviso, lacerato!Non doniamo più la musica che compone in unità armonica le singole note, seguendo il ritmo e la partitura pensata da Gesù, perché tutti gli uomini siano salvi e incontrino il Signore. Chiediamo perdono per l'egoismo che chiude noi stessi e i fratelli delle chiese cristiane e per le divisioni che hanno rovinato l'armonia dell'annuncio di Gesù salvatore del mondo».

Guida: A ogni intenzione di preghiera, interveniamo dicendo: Perdona, Signore, le nostre divisioni

Tutti: Perdona, Signore, le nostre divisioni.

□ Ti chiediamo perdono per tutte le volte che non abbiamo condiviso le cose, l'amicizia, il perdono.

□ Ti chiediamo perdono, Signore, per la nostra incapacità di riconoscere la ricchezza degli altri.

□ Ti chiediamo perdono per le divisioni che ci sono tra i cristiani delle diverse chiese.

□ Ti chiediamo perdono per aver rovinalo la dolcezza e l'armonia del tuo messaggio di gioia al mondo, con le stonature delle divisioni tra i cristiani.

Guida: «Gesù conosce la nostra debolezza e l'incapacità di armonizzare i nostri doni. Ha pregato per noi perché ritroviamo la forza di donarci reciprocamente gli uni agli altri e così offrire al mondo il lieto annuncio di gioia e di pace».

Canto al Vangelo

Lettore: **Dal Vangelo secondo Giovanni** (17,18-23)

«Come tu mi hai mandato nel mondo, anch'io li ho mandati nel mondo. Come tu, Padre, sei in me e io in te, siano anch'essi in noi una cosa sola, perché il mondo creda che tu mi hai mandato. E la gloria che tu hai dato a me, io l'ho data a loro, perché siano come noi una cosa sola. Io in loro e tu in me, perché siano perfetti nell'unità e il mondo sappia che tu mi hai mandato e li hai amati come hai amato me».

Catechista: «La preghiera di Gesù prima della sua passione ci assicura che il suo desiderio sarà realizzato: vuole che tutti noi e tutti i cristiani delle varie chiese vincano rancori passati, superino le stonature recate con le divisioni e formino un concerto che offra al mondo la divina melodia del messaggio di Vangelo e salvezza per tutti.

Preghiamo perché possiamo accogliere la Grazia del Signore e superare ogni egoismo, offrire le note della ricchezza che il Signore ci ha donato».

Guida: A ogni intenzione di preghiera, interveniamo dicendo: Rendici perfetti nell'unità, Signore.

Tutti: Rendici perfetti nell'unità, Signore.

□ Gesù, sappiamo che la tua preghiera è efficace. Aiutaci a collaborare con te perché regni la comunione tra di noi.

□ Aiutaci a donare noi stessi, le nostre cose, il nostro sorriso, il perdono, il tempo alle persone che abbiamo vicino.

□ Fa' che i cristiani di tutte le chiese rispondano all'azione dello Spirito, che vuole fare di tutti un unico corpo, quello di Gesù, Salvatore del mondo.

□ Aiuta tutti coloro che si impegnano nel costruire unità tra le varie chiese cristiane.

□ Fa' che tutti i cristiani, con il loro apporto, rendano testimonianza a formare l'unico canto che annuncia la bellezza di essere seguaci di Gesù e aiuta a vivere nella gioia e nell'impegno che dona pace al cuore.

Canto: Dov'è carità e amore.

Catechista: «Come segno che ognuno di noi vuole impegnarsi a donare la propria nota per il canto del lieto annuncio del messaggio di gioia di Gesù, poniamo la nostra nota sul rigo musicale».

Padre nostro

Canto finale: Chiesa di mattoni

Cammino di catechesi di quinta elementare 2009/2010

LA CHIESA UNA

CELEBRIAMO L'UNITA' DEI CRISTIANI

Obiettivo: creare un "cuore nuovo" nei ragazzi capace di godere delle cose che ci uniscono.

La Chiesa di Cristo nei secoli sta camminando per raggiungere anche *visibilmente* il desiderio di Gesù «siano uno» (Gv17,21). L'unità, come la santità, nella Chiesa ha una sfumatura escatologica (sarà il Signore a completare l'opera delle nostre mani), ci *sta di fronte* (non dietro, non l'abbiamo persa) e siamo invitati a lavorare per raggiungerla. E' come per i fratelli: sono già strettamente congiunti tra loro, ma raggiungere l'armonia e la fraternità comporta un cammino fatto di perdono, generosità, ascolto, accoglienza, saper cambiare, sapersi aiutare... L'essere già fratelli non elimina il diventarlo (anzi ne è la condizione).

La dimensione ecumenica della catechesi, più che in singoli punti specifici, deve essere trovata in un atteggiamento generale, di apertura all'altro, di benevolenza, di ascolto e di comprensione della posizione altrui, di disponibilità a camminare ed a convertirsi passando da una verità imperfettamente conosciuta ad una verità conosciuta sempre meglio attraverso il dialogo, il confronto ecumenico e sotto la guida dello Spirito.

Parlando di verità dobbiamo stare attenti a non cadere nel tranello: allora chi ha ragione (e chi sbaglia)? **Cristo è la Verità!** Bisogna trasmettere una idea di verità come sequela a Cristo-verità. Così crescere nella verità significa accogliere la testimonianza degli altri (che aspetto di Cristo mette in luce il luterano o l'ortodosso o il cattolico, e il suo modo di vivere, celebrare, decidere?). In questo modo tutti crescono, se sanno ascoltarsi. E' come in una parrocchia: che cosa ci ricorda il guppo Caritas, o quello missionario, o... Sono tutte espressioni di quello che il Vangelo ci chiede, e che abbiamo bisogno di non dimenticare (serve che qualcuno ce le ricordi-testimoni).

MIX
Papier aus verantwortungsvollen Quellen
Paper from responsible sources
FSC® C105338

Printed by Books on Demand GmbH, Norderstedt / Germany